La Chanson De Roland - Primary Source Edition

Eugen Kölbing

LA

CHANSON DE ROLAND.

GENAUER ABDRUCK

DER VENETIANER HANDSCHRIFT IV,

BESORGT VON

EUGEN KOLBING.

HEILBRONN.
VERLAG VON GEBR. HENNINGER.
1877.

F. VIEWEG, LIBRAIRIE A. FRANCK.
PARIS 67, RUE RICHELIEU.

LA
ÇHANSON DE ROLAND.

GENAUER ABDRUCK

DER

VENETIANER HANDSCHRIFT IV,

BESORGT VON

EUGEN KÖLBING.

HEILBRONN.
VERLAG VON GEBR. HENNINGER.
1877.

F. VIEWEG, LIBRAIRIE A. FRANCK.
PARIS, 67, RUE RICHELIEU.

VORWORT.

Von der version des französischen Rolandsliedes, welche den fachgenossen auf den folgenden blättern geboten wird, waren bisher durch die auszüge von KELLER, GENIN und TH. MÜLLER sowie die besserungen von MUSSAFIA nur bruchstücke zugänglich geworden. CONRAD HOFMANN's ausgabe, welche diesen text, soweit er mit der Oxforder hs. zusammen geht, vollständig bringen sollte, wird bereits seit ca. 10 jahren vergeblich erwartet, und so dürfte bei der wichtigkeit dieser fassung ein neuer abdruck wol gerechtfertigt erscheinen. Hat dieselbe doch ein zweifaches interesse für sich zu beanspruchen, einmal für die textkritik der dichtung selbst und zweitens wegen der eigenthümlich italianisirten sprache, von der uns nur wenige denkmäler erhalten sind. Der von mir gegebene text will nun nicht den rang einer ausgabe, sondern nur den eines genauen abdruckes einnehmen, in welchem alle fehler und versehen des schreibers, der häufig genug seine vorlage gar nicht oder wenigstens ungenügend verstanden hat, wiedergegeben sind. Vieles, was der leser auf den ersten blick für druckfehler halten wird, wie *n* für *u* und umgekehrt, *c* für *e* u. dgl., beruht auf dem irrthume des copisten. Dass auf genaue wiedergabe des textes der möglichste fleiss verwendet worden ist, versteht sich von selbst. Zu einem genauen abdrucke gehörte aber ferner, dass die gebrauchten abkürzungen möglichst treu nachgeahmt, jedenfalls nicht aufgelöst wurden. Die bei mir gebrauchten zeichen bedürfen z. th. einer kurzen erklärung: ꝭ steht für *ser*, ʹ für *ri* oder *ni*, ʼ für *r* oder *cr*, allenfalls auch für *rc*, 9 ist gleich *con* oder *com*, ꝑ = *per* oder *par*, ꝗ = *que*, ʷ steht für *r* oder *ar*, *ī* kann *im* oder *in* bedeuten, *m̄t* kann durch *mant* oder *ment* aufgelöst werden. Für *uin* ist im ms. gewöhnlich *ūi* geschrieben, damit die abkürzung für *n* nicht mit dem i-punkte in conflict komme. Endlich kann man von einem diplomatischen abdrucke auch fordern, dass die dort verbundenen worte und sylben auch hier zusammengeschrieben seien und umgekehrt. In betreff dieses punktes soll meine arbeit nur einen bescheidenen versuch repräsentiren. Es ist nämlich in sehr vielen fällen äusserst schwer zu bestimmen, ob zwei worte als verbunden oder als getrennt anzusehen sind. Häufig ist eine ganze zeile in einem zuge geschrieben; wollte man da ganz genau verfahren, so müsste man alle durch einen haarstrich verbundenen worte zusammendrucken, denn die abschätzung der entfernung eines buchstaben vom nächsten begründet nur ein sehr subjectives urtheil. Durch dies verfahren würde aber die übersichtlichkeit und das verständniss nur geschädigt und doch kein treues bild der hs. gewonnen werden, weil die verschiedenen zwischenräume zwischen den lettern sich doch nicht typographisch wiedergeben lassen. Wollte man sich aber durch diese schwierigkeit bestimmen lassen, überall dem sinne gemäss abzutheilen, so wäre das schon der erste schritt zu einer kritischen behandlung des textes, der weitere nach sich ziehen müsste. Ich habe es zwar versucht, diesen weg einzuschlagen, jedoch bald genug dies prinzip aufgegeben, weil ich an einer menge stellen in zweifel blieb, wie richtig abzutheilen sei. Es blieb demzufolge nur die wahl eines mittelweges übrig. Der schreiber liebt es, kleine, einsylbige worte, wie *e*, *o*, *ne* etc. mit dem folgenden oder vorhergehenden worte zu verbinden; das ist in meinem abdrucke durchgeführt, soweit es die hs. zu bieten schien; ebenso wird der artikel oft mit seinem nomen vereinigt; das ist bei mir geschehen, wo die verbindung sicher schien oder ein zweifel über die abtheilung entstehen könnte; grössere worte von selbständiger bedeutung, substantiva, adjectiva etc. sind stets getrennt worden, wenn auch in der hs. der haarstrich von einem zum andern hinüberreichte. Ebenso sind sylben, welche die hs. trennt, obwol sie sicher ein wort bilden, wie *lia mire* u. a. in ihrer trennung belassen worden. Durch die befolgung dieses, bei mir von bogen 5 an noch strenger als vorher gehandhabten prinzipes erhält der leser wenigstens einen annähernden ersatz für die autopsie des ms.; dass der herausgeber für diese wortverbindungen, die in vielen fällen nur auf subjective entscheidung des augenblickes gestützt sind, nicht in derselben weise verantwortlich gemacht werden kann, wie für die richtigkeit des wortlautes, versteht sich wol von selbst.

Die zählung der Oxforder hs. ist nach TH. MÜLLER's ausgabe, deren zweite auflage wir binnen kurzem zu erwarten haben, an der spitze jeder seite beigefügt, und zwar ist jedes mal der erste in beiden texten stimmende vers angeführt, was das aufsuchen bestimmter stellen gewiss erleichtern wird.

Ich genüge schliesslich nur einer angenehmen pflicht, indem ich herrn prof. GRÖBER, der mich zur ausführung dieser arbeit angeregt und mich freundlichst bei der correctur unterstützt hat, meinen besten dank ausspreche, ebenso wie der verwaltung der Markusbibliothek, insbesondere herrn grafen SORANZO, der meinen wünschen auf das liebenswürdigste entgegengekommen ist und mir auch nachträglich noch einige fragen bereitwilligst beantwortet hat.

Breslau, februar 1877.

E. Kölbing.

Nachträge und Besserungen.

V. 4648: Ai] lies: Li. V. 4723: I uient. V. 4878: sist] lies: fist. Der erste buchstabe der zeile ist im ms. stets von den folgenden gesondert. — qȝ = *ques* oder *que* ist im ms. fast = qz.

69ª. CHi uoil oir uere sig'ficāce
A san donis ert une geste ī frāce
Cil ne sa bē qui ꝑ le Lescrit inçante
Nen deit aler apei çubler ꝗ çate
Mais çiualçer Mul e destreire derabie
Desor comēça li traimēt de gayne
E de Roll'. linef de çarle el mayne
Çarle li reis nr̄e īperer de françe
Set ans tut plens aestez ī spagne
Çusqua la mer 9quis la tere altagne
Murs ne citez liert remes ī spagne
Sol saragoça qui est une mōtagne
Marsilion latēt cui damnedeu no ame
Serue apollin & alui se reclame
No po garir qui mal noli atagne
MArsilion estoit ī saragoçe
Desot une oliue seit alaç allōbre
Inuiron lui plu de .C. M. home
Soura un peron de marmore siplure
E si apella som dux & soi conte
Oldi signor qual peçe nos īgōbre
Līperer si nos uen ꝑ 9fūdre
Consiame segnor cō saçes home
Garētame da mort & da grāde onte
Noli ert pain che niēte li respōde
Ma tut lor teste u'so latere ībroçe

BLançardin est plus saçes çiualer M. 24.
Blança oit la barbe & lo uis cler
De uassalaçe ert pro & bier
Prodom est por son signor aider
E dist al rei neuos deit esmaier
Māda a Karll'. li orgoilos el fier
Se del ꝓuisio e molt grāt aimister
Vuli donari ursi & lion & çīcler
Poili donari palafroi & deist^wer
Sete cēt kamul emil astar p'uer
Tāt li donari del fin or esmerer
Ben enpora ses soldaer loer
In cest pars ele set agni ester
Adasia en frāçe ben doura reparier
Seguiri lui a festa san micher
Si receueri la cristiana ler
So hom seri ꝑ bem & ꝑ amer
Trestuta spagna tegniri dalu īfer
Sel uole ostasi eun le liurarer
O des o uīti ꝑ lui afiancer
De nr̄i īfāti filz de nr̄e muier
Asa e meio chi ꝑda lor cer
Che nui siamo for de spagna çeter 69b.
Ne nui s^iamo 9duti a mēdiger
Pain respōde ben el daotrier

DIst blāçardin ꝑ questa mia teste
E ꝑ la barba ke alpeto me uētelle
Loste de frācischi sera tuta fraite
Çascū sera al so mior repaire
Çarle stara adasia ī soa çapelle
De nui no oldirai parola ne nouelle
Fer eli roi son talēto pasme
A nostri īfāti fara trēçer leteste
Assa emeio che ilauia perde
Chenu ꝑdamo clere spagne la belle

M. 61. Pain respōde cusi poel ben essere
LI roi Maʳsilion ason 9sio fine
Asi appelle clarçis de balare
Estramariz ynstropiz son pere
E priamus & Çiraldo libarbe
E baçiel & son oncla mathe
Et ençimel e Malbruçāt deine
E Blāçardin ꝑ la raxō mostre
Di plu fellō na asenble
Poi lia dit a Çarlo maino ire
Ele alasedio de Cordoa la cite
Rame doliua ī uostra mā porte
Che sig'fica pax & humilite
Ꝑ nu saurem se poez acorde
E ue donaro or & arçēto asse
Tere e feo tāto cū uu uore
Dient pain ben dis nr̃e auoge
LI roi Maʳsilion ason 9sio finez
Dist ai messaçi segnor or uenalez
Alīperer da mia parte li direz
Ꝑ lo so deo de mi abia merçez
Ançi che passi lo primer mes destez
Seguiro lui amille de me bernez
Sireceuero la cristiana lez
So homo sero ꝑ amor & ꝑ bez
Dist blāçardin molt bon plait naurez
DŌs blāchi mul fist amener Maʳsilie
Que il tramist açil rei de cecilie
Li fren ador selle darçēto li mise
Celor mūte che lo mesaço de dire
Çascū porte un ram doliue
Pax & humilite ueram̄te signifie
LI enperer se fana baldo çiuāt eler
Cordoa al presa & tut le mur frosser
Ambedos le tor sina ī tera çeter

Molt grãt desdut sina soi çiualer M. 99.
Or & arçẽto & guarnimẽt molt cer
Noie remes saraçins nei asscher 96^{c}.
Che nosia mort o uegnu cristier
CArle Maine ein un grã uerçer
Apres lui Rollãt & Oliuer
Sanson lidux & Anseis lifrer
Gui de gaschogna Nãtelmes e Garner
Çufroi daçor li lor cõfaloner
Asa lisũt de uecli & de barber
Di frãchi de frãça plu de .XV. miler
Soura un palio blãco sede li çeualer
Çoga atables ꝑ son cors esbanoer
E blãçardin al perõ desmõter
Dist li frãcischi nouelle liaurer
Dist li ẽperer or parle messaier
E blãcardin si comẽça aparler
Ꝑ gram sauer & ꝑ grã nobiliter
Si cũ quel hom chi ben li sauea fer
Droit ẽperer salua sia da der
Dal criator che doui adorer
Oi che ue mãda Ma^{w}silio la mirer
Lest plus fer hõ che porti corer
Intre uui & lui uol chesia amister
Defiña un çorno che le 9sier
Seguira uu a festa san Micher
Vostro hõ sera ꝑ amor & ꝑ ber
Trestạuta spagna dauu tiral ĩ fer
Se uoli ostaixi el uẽ donara aser
O dexe o uĩti di fio de nostre moier
Dist lẽperer regracia siade
Ambe ses man aleua cõtra cel
SEgnur baron dist lĩperer çarle
Consiame donor & debernaçe
Vees ma^{w}silio che me mãde messaçe

M. 188. Seguira mi ī letere de frāce
La nr̄a loi sera tuta plus salue
Dist li frācischi qui a mister grā guarde
QVādo li ēperer asoa raxō finia
Lo 9te Roll'. nollo otrio miga
In pei se driça en uer lui sesbaldia
Droit īperer no crei a marsilie
Ben set ans chī spagna nostet miga
Elne māda quisti messaçi messeme
Çascū uadus un ramo doliua
Pax uos tramist ueramāt ī deliura
Mai quel culuert nō uētignira mia
Dui uostri messaci allo paim tramitissa
Ço fu basās & son frere bassilia
Quel glotō li prese & silife ancira
Ma feites bon roi uostra ost bādira
Çurarē la seio atuta nr̄a uia
96[d]. Prenderē quel glotō chi li barō ātisa
GAine li cōte comēça soa raxon
Droit ēperer no creez albricō
Ne ami ne ad altri se del uostro ꝑnon
Qui uos otria che questo plaite sia onō
El no a cura aqual mort nu morū
Faites uos pro que nu uos seguiron
Cōcordez uos cū roi Maʳsilion
DAuāti Karlō e dux naymo uenu
Blāça oit la barba & li ceuo tut çanu
Mior uasal noe ī la corte delu
Quel dist al roi ben uos ai ītendu
Li cōt Gayno chel ua respondu
Bene oima chelsia souenu
Li roi maʳsilio emort & 9fūdu
Frait aues soe tere & li doion abatu
A uos talēt aues frosse lemu
Quādo a uos māda chabia m'ce delu

Grāt tort seria se il fosse 9fūdu M. 240.
Deli uostri barō uos li māda u
Se ꝑ ostasi ue uol fare segu
Questa grāt guera nō de mūter plu
Frācischi respōde ben aparle lidu
DIst li ēperer 9siame barū
Chi andara echi li īuiarō
Respōde li dux naymo eiādaro ꝑ nos dō
Or mē dona li guāt & li bastō
Li ēperer feram̄t li respon
Poi liadit uos estes saçes hom
Ꝑ questa barba & ꝑ questo granō
Vui no iādari dala de misilon
Alez aseer de niēt plus parlon
ÇO dis li roi cui porē enuoier
Respode Rollāt eo iādaro uolūter
Dist oliuer no uege portara li per
Vostro talēto fort epesimo efer
Ça iādaro si uos li otrier
Seli roi uol ça li posso meior aler
Al saracins que saragoça ter
Li ēperer si inclina son çef
Apres li dist ābe dos taser
Nesū deuos no iauira erer
Di doç per no ia nesū aler
Frāçois litēde sise traçe arer
TRepin de raina liest uenu dauāti
A çarlo escria a soa uox alta egrāt
Bel sire roi lasez ester nr̄i frant
Chi ont ases pene & achāt
In questo paese estez set ant
Or me dona lo bastō & li guāt
E uoi aler alsaraçī despāt 70ᵃ.
Sili diro un poço de mō sēblāt
Si impredero ses costumi & son talāt

M. 271. Li ēperer li adit no iādarai īnoiāt
Por questa barba no iādarai niāt
Aleç aseer sus quel palio blāt
Nō parleç plus seo nel uos comāt
SEgnur barō dist li ēperer çarle
Eleçi me un bon uasal de paraçe
Che a ma'silio porti lo messaçe
Se mester & ben possa 9batre
Respose Rollāt Gayno meo parastre
Selui lassa no nauri un tā saçe
Frāçois respōt ben lopo faire
Seli roi uol ben edroit che liuade
ÇO dis li roi Gayno tra uos auāt
Si receuiri sto bastō & sto gāt
Chin saragoça uos iri ueramāt
Asez oi kel uel otria li frāt
Gaynes respōt ço e da part de Rollāt
Allez si posso mai no aura garāt
Plu cū aue baxilio & baxāt
Gaynes dist li roi trop auez mal talāt
Vos alirez da poi que uos comāt
DRoit ēperer ça ce uostra seror
Sino un fij que baldoyn oit nō
Se el uiue sera molt prodon
A uos comād mō arçēt & mō or
Gardeç mel ben mai nol uedera mes ocli
Gaynes dit li roi trop auez tener cor
GAyno desfibla sa grāt pelle demartire
Dauāt les autres remist en son brialde
Grosso ꝑ lespalle & por lo bugo graille
Elest si bel que tuti lo per lo guarde
E dist a Rollāt efel ꝑ que uorage
Ça sa tu ben que sum to parastre
E poi un çorno ben sai que no mamaste
Ma seo uiuo elue tornara adamauçe

Eo abassaro stretuto uestre lignaçe M. 311.
Rollāt respōt no o cura demenaçe
Ogna prodom de ben porter messaçe
Sel roi lotria presto sū ꝑ uos faire
Dist Gaynes oncha donetuede[1] ne plaçe
Eonō sū uost hom & uos nō si mō sire
Questo messaçe sū presto de dire
Per quel sam pero que deo ī roma mise
Ançi lifaro un pocho de felonie
Siesclarero mō talēto ema ire
Rebassaro tut homes de uostre lignaçe
Quād Rollāt lolde nō po star de rire
GAyno regarda & uide ire Rollāt 70^{b}.
Doncha tel dol nil oit si grāt
Eo ue desfio da quest hora īauāt
Et Oliuer ꝑ que le to cōpāt
Li doçe per ꝑ ço chi uama tāt
Eoue desfio ueçāt tuta la çēt
No uo amer çamai al me uiuāt
A quest mot .Gay. se traçe auāt
En sa man destra uolt receuere lo guāt
Cuital tenor el fo caça auāt
Dis li frāçois deo pare que no n̄ti ant
Sire messaç nu īueniemo atāt
Dist .Gay. uu oldiri le sēblāt
DRoit ēperer doname li cōçe
Po que do aler nō uoi plu· tarde
Li roi respōt ala benicion de de
A soa mā destra la asolx esigne
Gaynelō sen uen ason oste
Indosso seueste un erminio engolle
Desoura quel ūbrial intaile
Dui speron dor ī son pe a calçe

---

1) u ist verlöscht.

M. 346. Cinta a mordea alsenestro coste
In tenebrũ sõ ciual emõte
Dala dalui plu de mille baçale
Che tuti li dis sire no li mãde
GAyno respõt no plaça domenede
Chin saragoça ꝑ messaces ale
Meio che mora sol cha tãti bõ çiualer
Se deo ĩ frãca me lassi reparier
Fe del seruisio me dites a mia moie
Aspinabel me amigo & mõ fre
Filz baldoin comãda sia ade
Seo retorno molt grãt pro liaure
Plãçe & plura quãd dalui e deseure
CIualça Gayne di & noite ala luna
Si cũ quel hom che de mort apaura
Cõtra son ciual a soa raxõ tenua
O bon ciual sor chaui la cropa bruna
Lasse lo passo si tigni lãblaura
Vu passari la grãt aigua de runa
Si passari la ual de gardamuna
Che tãt e fera & fort & argoioxa
Quil che la passa mai ĩ frãca no torna
Al roi Maʳsilio portaro la recõtra
Quel chi ue mãda demi noa miga cura
Çoe Rollãt cui dãnedeo 9fũda
Si fara el se de uita me dona
DIst Blãcardin ꝑ che e çarlo si fer
Merueia nali dux & li amire
Tuti ue dis dãçir & de desfe
70ᶜ. Por so nef Rollãt .Gay. lirespõde
CŌn sesede li roi desot un pin alũbra
E Rollãt li cõt uen uestu duna bruna
In soa man destra una u'mia poma
Dist li nef al roi che fauu bel oncla
Se deo fa tãt chel uita me dona

Soura tuti li roi in cef portara corona M. 388.
Çascũ çor amort sisabãdona
Quel grãt orgoil ben poraue 9fondra
DIst blãçardin ꝑ queesi fer Rollãt
Ça noal fila filles ne enfãt
Ꝑ foi dist .Gay. ꝑ la frãcesca çãt
A chi eldona son or eson arçãt
Il ama plu chi no fa çarlo mainãt
AMbe dos çiualça .Gay. & blãçardin
Lun en9tre lautre la fe si senplenin
In tel tenor que Rollãt ançir deuin
I no tem miga ne uia ne çamin
Sot Saragoça desende ĩ un çardin
Sor lerba uerde un blãco palio min
Desoura quel un falde stel dorfin
La sede Maʷsilio ke spagna ten ĩ fin
Intorno lui cẽto millia saraçin
El noie quel nõ brai & nõ crin
Ꝑ le nouelle ascoltar eaudin
BLancardin edesendu al peron
Bluẽt alroi acõter soa raxon
Inperer sire salua sia da Machõ
E da apolin cui santa lei tignũ
Vostra ãbasea nu portamo a çarlon
Loldo so deo no dist altra raixõ
Ambeses mã illeua 9tra mon
Il ue mãda un son noble barõ
Çoe de fraça li conte Gainelõ
Rice dauor eson cor molt eꝓdon
Por saueri si aueri pax onon
GAines li cõt comẽça aparler
Por grãt sauer & ꝑ grãt nobiliter
Cum quel hom que ben el saueafer
Oldi Maʷsilio che ue mãda miser
Çarlo di frãça cui ben diga de

M. 430. Che uu lasez del uostro delalle
Siue torna dela sãta cristẽte
A li uostri fonti ue farẽ batiçer
Si ue faremo esigner & lauer
La mita despagna ue de ĩ fe doner
Laltra mita a Rollãt ses nef
Molto uigoros ꝑsonable aurer
Seuu tut quel no uori otrier
Soto Saragoça ualasedio fermer
70^{d}. Tãt listaremo que la cite prẽder
E uu fel glotõ 9durẽ a mẽdiger
Adasia in frãça nu ue farẽ mener
A quel palasio oe ialtri licer
Laue menarẽ aonta & auilter
Maʳsilio lolde ne fo ma plu irer
In ses pũg tĩt un fort cortel daçer
Un grãt palmo sila mella meller
Vole ferir gaino que tut fo coruçer
Dist li agalifres or si uu mal bailer
Siuos feris quel cortes mesaçer
In altre cort nauris grãt reꝑcer
GAines desfluba son mãtel çãbelĩ
El uen i9tra si receue blãçardĩ
Ad alta uox si comẽça a di
Por cel sã per que deo ĩ roma mi
Se deo me lassi del palasio insi
No lasaro ꝑ paura demori
Que lãbasea no digaben del ri
Li doçe per uostri corel inimi
La bona spea ꝑ louo [1]) pomo pri
Tenisto breue si saçe ço chel di
GAinelõ a messo mã ala spea
Luna mita adel froo mostrea

---

1) u oder ri ist unlesbar.

Ai bona spea quāto mesi cera M. 485.
Per tāt core uaç o trata & mostrea
Multi iorni ꝑ onor uo portea
Ça nol dira çarles ne soa masnea
Gayno e mort ī la strāça 9trea
Chenit lo mior de uos naça la testa colpea
Oima uerē che fara la masnea
Dist li pain Gaino agrāt corea
MArsilio sa asa darte & deliure
Escoler fu dela loi paganie
Aurel saiel si na çete la cire
Garda le letere tuta la raxō uid scrite
Plura deses oilz sa blācha barba tire
Soto li pei li mete ad alta uox escrie
Oldi signuri cū mortel estoltie
Çarlo mayno qui frāça oit ībailie
Orli remēbra dela soa grāt ire
Çoe de baxās & de son frer baxilie
El prese la teste al pōt de dalmacie
E deses cor uol cercher sa ire
Doncha li darai me oncla lagalifrie
Lolda uu doncha che celu lidie
De queste due saçes ē[1])cor nēsera mie
Noie pain che un sol mot ça die
Tuti primiran respōde li nef Ma^{r}silie
Bel sire roi Gaino a dit follie
Tant ual dit che no douraue uiure 71ª.
Liurel a moi en faro la iustixe
El cōt Gaino oit soa spea brādie
Vassa poçer sot un pin alōbrie
LI roi Ma^{r}silio oit li bref frosse
Dis al pain segnur qui romare
A queste parolle uoio 9seio fere

1) Ziemlich verlöscht.

M. 504. Sot un oliua a seder est ale
Ses oncla lalgalifrio al 9seio ē reme
E falsirō son fedele & son frere
Et corsaleon son fiol & son here
E cleborin bariel emathe
E blāçardin en est sali īpe
Dis a Maʷsilio apelle li frāche
Del uostro pro la fe madone
Dist algalifrio euu ça lo mene
LI sarasin si e cursi adespete
Si a preso .Gay. & ꝑ braçe & ꝑ māne
Or se comēça la traixō in drieite
Bel sire .Gay. ço dis li roi Maʷsilie
Eo fis ī uos un pocho de fellonie
Che ꝑ ferir e demostre. ma ire
E ue daro questa pelle martire
Oi ī questo çorno fo faita & 9plie
Plu ual dor cha set cēto liure
Al col de gayno laçeta li roi Maʷsilie
Pois lia dito soto questa oliue
Por tel 9uēto che Rollāt trairime
Gaino respōt quel no stratorne mie
Ma plaça deo che apro reu'tie
ÇO dis Maʷsilio .Gay. cri por uer
Che talēt aça molt ue do amer
Nostro 9seil ben de esser celer
De çarlo Maine uero 9parler
Veclo effranes & de molt grāt eter
Menesiant doxēt ans oit paser
Por tāt t're a son cors demener
Regni 9quis ꝑ soa grat podester
Tant çētil rois 9duit amēdiger
Adasia ī frāça se doraue repolser
Gayno respōt çarlo noe miga ter
Nessū chil uede chil cegnos echi ler

Nel digo aço che līperer est ber M. 531.
De grāt bernaço deo lait īluminer
No nel so tāt ne lolder nepriser
Che plu noaça onor & de bōter
Meio uol morir chel gerpisca so berner
DIst li paī molt me pos merauille
Çarlo li rei est çanu e mesle
Menesiēt doxēt ans oit passe
Por tāt tere a son cors demene 71[b].
Tāti culpi apresso e de lāça & despe
Doncha no el recreāt oi ma del ioste
Noe ço dis Gaino tāt cū uiuera son ne
Noe tal homo sot la capa del cel
Molt par pro ses 9pagnō oliue
Li doç per che çarlo atāt oe
Fasse guardare a .XX. mil çiuale
Segur e çarlo no teme hō chesia ne
Quel grāt orgoio chil podesse mate
Doncha aura el lo destro braço frosse
No sera çamai pro p̱ gueroie
DIst li pain merueille no molt grāt
Che çarlo Maino e tut çanu & blāt
Menesiēt plu alde doxēt ant
Per tāte tere eale 9quirāt
Tāt culpi a pres de bone spee trēçāt
Tāt çētil roi morti & uēcu ī cāpt
Noseral çamai de iostrer recreāt
Noe dist Gaino tāt cū uiura rollāt
E molto epro oliuer ses 9pang
Li doçe per che çarle ama tāt
Fasse guarder a .XX. Mil frāt
E si demena tel orgoio & tel brubāt
Çarlo no teme hō sia uiuāt
BEl sire Gaino dist Ma[r]silio li reis
BE o tel çēt plu bella nō ueis

M. 565. Quatro cẽt mil ciualer pos aueis
Poro eo doncha ioster ali frãceis
No miga Gaino li rispõdeis
No auez ṇ^{u}eu [1]) la cristiana leis
Lassa la folia siue tigni alsaueris
Alĩperer li donari tãt delaueris
Nololdira hõ che nõ se meraueis
Ꝑ .XX. ostaixi che uu li liurareis
In dolce frãça areparie li reis
Soa reguarda cuito aprouo dequeis
So neuo li est li 9te Roll'. ço que^{i}s
Et oliuer li proç & li corteis
Mort e çascũ se uu li uignireis
Çarlo uerez agrãt uilteis
No aural ma talẽt de guirieis
CHe poria fare che Roll'. foxe mort
Lemie t're si seraue ĩ report
Trat aurai a Karlo lo destro braç del corp
Çamai ĩ son çef no auera corona dort
Trestuta spagna sera ĩ report
Elbraço destro a Gaino çetal col
E poi comẽça ad aurir son tesort
BEl sire .Gay. ço dis li roi Ma^{r}silie
71^{c}. Por qual ĩçegne porũ Roll'. ãcire
Gaino respont quel ue soe ben dire
Çarlo sera ultra la grãt port de cesire
Soa reeguarda qui apreso aura lasie
Son nef li sera li cõt Roll'. librie
E so 9pagnũ cõmo apella oliuire
Li doç per aura ĩ soa ciualarie
Vint .M. frãchi oit ĩ sa 9pagnie
E uu aureç tuta uostra ost bãdie
Di uostri barõ uu li mãda .C. mille

1) u mit schwächerer tinte übergeschrieben.

Una bataillа li donari a deliure M. 589.
La çēt de frāça sera fraita e desꝯfie
O si ono uostro sera lo martire
Vn altra bataila li dona uu meesme
Poi li trēce li çeuo desor la schine
Poi aueri fato belle ciualarie
No auri mai guere ī tut ur̄e uie
ÇO dis Maʳsilio .Gay. or me parler
Nostro ꝯsei ben auemo afiner
Bel sire Gaino dites cōqui farer
La mort de Roll'. çuro īuite mer
In la reeguarda cū sepora trouer
E ue plouisco ka lu auro iostrer
Desor la loi que maueri affiner
Seo no moro che lu auro tuer
Gayno respōt cū ue plase messer
Sor le reliquie de mordea soa sper
Gayno ga plaui ela fe çurer
La traixon de tuti li doçe per
MArsilio sefa porter un libre grāt
La oe Machō & son deo triuigāt
Soto una oliua desoura un scublāt
Soto lui çura li saraçin despant
Cōbatero lui atuta soa çāt
Li saracin ben atēdra le sacramāt
Li doç per sera mort açuçemāt
DAlaltra part est un pain debori
Quel ī rigāt a Gainelō adi
Teni un elmo uncha mior nō ui
Quatro baxās ie īuertēt adorfi
Sor el nasal un carboncle iemi
Cheu naide de Rollāt li marchi
Com lo possamo detrēcer e anci
So grat orgoio abaser emati
Ben sera fat li cōt .Gai. respōdi

M. 617. Plu de quarãta abĩ dui sabasi
DAloltra part uen un pain ualdebrun
Esi apella li 9te gainelon
Tegni questa spea uncha meior nõui hon
Dentro dalelço eplu de mille machon
71d. Per amiste bel sire euella don
Che uu maida da Rollãt li barõ
Inla reeguarda che trouer li posson
E ue plouisco chelu 9bateron
Siue nafio che nu la ũiceron
Ben sera fato çoli dis Gainelon
Poi si se basa & amẽton
GAinelõ e uignu abraimõde
Molt ben dis Gainelõ li cõte
Molt uama ben mesire eses home
A uostra moier uoi doner doe nosche
E liepere matiste eçagonçe
E cornioles etipages & carbõcle
Vestre ẽperer altretal nõ uid onche
Çama no sera çorno che delme no uedone
Gaino respõt enu uel seruirome
Intro ses oxe ãbe le nosche ascõde
MArsilio oit un pain apelle
Ço fo Gualdas son mastre texore
In tota spagna noe nesũ si cere
Et ello domãda cũ aueç uos plaide
Lauer de çarlo est ello aparecle
Siert ben ꝑ macomet ase
In 9tra Gaino li roi est aprosme
Cõtra son peito soaue la enbrace
Poli adit molt ue doe auer cer
Çamai no sera çorno che no ue doni del me
Porde Rollãt li pugnaor maide
Gayno respõt no uestoue parle

MArsilio abraça Gaynelõ alespalle M. 647.
Çẽt ali cors molt a cler lo uisaçe
Por quella loi che nu tignũ plu salue
Guarder ber Gaino che il no abia õtaçe
De me auer uo doner grãt masse
Dexe mul chaça del mior or derabie
E no sera ãno chal tretel noli face
Tegni le claues de questa cite larçe
El grãt auer sinel porte açarle
Da mia part li liure .XX. ostaçe
Poi me çuçe rollãt ĩ la redeguarde
Seculu trouo al port a lo passaçe
Eo li donaro una mortel bataille
Gaino respõt ami par che trop tarçe
Poi emõta si entra en son uiaçe
LIẽperer a preso nu son reparie
Vegnu est alacite ualente
Li cõt rollãt laueite pris efraite
Apres quel corno fo po set agni deserte
De gaino çarlo atẽde la nouelle
Che reuegna de spagna la grãt tere
Al maitinet quãd par la[l]ba clere 72ª.
Gaines li cõt ert uegnu alarberge
BEl est li çorno el sol est mol cler
Ben ꝑ maitin se leuo lĩperer
Messa o maitin uol li roi ascolter
Sor lerba uerde sesta dauãti lener
Apres lui Rollãt & oliuer
Naimes li dux e ialtri ciualer
Gaines li cõt li fel el sperçurer
Por bel amor comẽço aparler
Dal criator che doui adorer
De saragoça ua p̄sent li cler
Molt grãt auoir auos aenuoier
E uĩti ostaxi sili fari ben guarder

M. 681. Li algalifrio ho se fa miga blasmer
Plut de sor .M. ne uid unçor mener
Obergi uestu & uirdi elmi daçer
Sili 9dux trosqua la riua del mer
Tāt listet che lītro mer [1])
E tel scūfiçi ꝑ la cristiēter
Che el nō uole ne seguir ne amer
Ma ançi chelsia molt fort delōçer
Sil prese un ora un m'uilos tēpler
Lassa uege çama no laueri reuer
Sel fosse uiuo ça lauraui mener
Del roi Maʳsilio sire creez por uer
Seguir uos uolt ī frāça lo regner
Seruira uos atrestut son herer
Çarlo respont regracia sia de
Ben auez fait molt grāt pro liaurer
Por tot lost font tut lor grailes soner
Frāçois desalbergent lor somer fōt torser
Vers frāça dolce se cuita reparier
LI enperer auoit spagna guaster
Frait li çastes les citez uioler
Ce dit li roi che sa guere cre finee
Vers frāça dolce ciualça līperere
Passa li iors si declina la uespree
Li cōt Rollāt oit soa ensigna fermee
François saubergēt ꝑ tot le 9tree
Senz escaragaite celle noit ont pasee
Paiens ciualcēt les pois & laualee
Aubergi uestuz & lur bruines duplee
Escuz ont fort gent o targes diuisee
Espleuz ont fort & lances enduplee
Encelle noit dormēt alarosee
Quatro cēt mil atēdēt la iornee

1) m halb verloschen.

A qual dol de frãça la masnee M. 717.
Posa li iors & la noit est asiree
CLers luist la lune & la stelles flãbie
Çarle li roi li ẽperer meime 72^{b}.
Sonçent un sonç quil est ad un port de cisre
Tent son espleu a son ast frasnine
Gaines li cõt lade sor lui sasie
Por tel force la croleit & brãdie
Chentro ses pũg loit frait & brisee
Cõtra lo ciel nefa uoler leseliçe
Çarles se dorme quil ne ses uelz mie
Apres de cele altre uision sonçie
Quil ert ĩ frãça ad asia oelstie
Indoes caenes si tẽt un ors grãdie
Si duremẽt lo destro braçie
Que iusqʒ les la çarne la trẽcie
DEuers espagna uid uinir un liopart
Son cors meesme el reꝗrẽt & asalt
Deson paleis un ueltres liasalt
E ueĩt al rois atrot & asalt
Pur son amor gẽtemẽt se 9bat
Ardiemẽt a salu lo leopart
Mais niseit qual de lors se uĩçerat
Çarlo se dorme mie ne ses ueilat
PAseit la noit ti apar la cler albe
Resuilez est li ẽperer çarle
Sonẽt ses grailes & belemẽt alte
So frãcischi barõ oit apelle çarle
Veez segnur li port eli passaçe
Qui çuçe ore che lais ĩ la reegarde
Gaines respont Rollãt mõ fiastre
Qui ꝑ morir me inuoit enspagne
Nen nauç hõ de si grãt uasalaçe
La nostre gẽt en ert derer plus salue
Li ẽperer fieremẽt len esguarde

M. 746. Apres li dist uos este.[1] un diable
Siauez ī cor tut plēs[2] de mal raçe
Chi fera doncha dauāt moi ī lareegarde
Gaino respōt Vger de danes Marche
Vos naueç nex..[3] che plu de lu uaie
QVad lolde Rollāt che[4] Gay. laçuçer
Duncha al parle aley de ciualer
Sire parastres euedo molt amer
La reegarda çala uoie otrier
Noe nesū che sor moi lossi bailer
No ꝑdera de frāça li ēperer
Mul ne ciual cū possa ciualer
Menesiat che uọ^{a}ia dū diner
Che ama spea noli trīci li cef
LI cōt Rollāt el na pella çarlō
Doneme gaça emātēçe honō
Como fes a Gai. quād li dones li bastō
Por lo messaço del roi Ma^{w}silion
72^{c}. Li ēperer si tene li ceuo ī brom
Tira sa barba si blācha como flor
No po muer che ses olcli nō plor
DAuāti çarlo elidux Naimes uenu
Blança la barba & tut lo pel çanu
Meior uasal noe ī soa cort de lu
Ço dis li roi ben ai uos ītendu
Le cōt Rollāt elle molt irascu
De so talēto elle pessimo e du
La reegarda etorne desorlu
Nouedri hom che çama nelle remu
Donez alui gaçes ben laueç entēdu
Çarles li dona Rollāt la reçeu

1) Der letzte buchstabe des wortes ist unlesbar.
2) Fast unlesbar.
3) Die auf x folgenden zwei buchstaben sind unlesbar.
4) e fast unlesbar.

LI enperer na apelle rollant M. 783.
Bel sire nef or saçes ueramāt
La reegarda uos farez gēt māt
Tuta mia host eo ue met ī p̄sant
Et el respōt eo nō faro niāt
Deuostro bernaço nō uoio hō uiuāt
XX. millia çeualer retegnera tut uaiāt
Il sūt proç stre tut souie māt
Çamai notemēt hō chesia uiuāt
LI cōt rollāt emūte sor un mon
Ad una bruna çama meior nō uidon
Laça son elmo che fato abaron
Çī çe durēdar dun ad or elipon
Alcol se mist un escu de sanson
No uol mōter sensu ualiātis non
Tem son espleu blāce li 9falon
Li bande ador li bat final pon
Oruedera chi lamara o nō
Dis li frāçois enu uos seguirō
LI cōt rollāt e mōte indestrer
Dala delu ses 9pagnū oliuer
Vene ençilin siert uignu ençilier
Apres delui eli dux berēçer
Sanson li dux & anseis lifier
Iuo & morie cu li roi a toit cer
Vegnu liest li uescōt ençiller
Çirardo de rusiglon & dun p^{2}çardo sesner
Dis larciuesqʒ eiādaro messer
Et apres delui ço dis leon gualter
Homo sui rollāt sio ma fei çurer
Cū lui sen ua .XX. M. çiualer
LI cōt rollāt Galter lion apelle
Prēdez mil fraçois de frāca ur̄e t're
Si por prēdi lo destrer dela spagne
Çanoe droit cheli ēperer lapde

M. 807. Respōt Gualt'. cosi po el ben eser
Lo aual broç alferāt de çastelle
72[d]. A mil frāçois sia porpris la t're
No desenderō p nulla gēt au'erse
Tres quia sex cēt en pderō le teste
Ço fu almaitī de regno de baiuerne
Una bataila quel çorno lide pesme
EN rōciual siest carlo entre
Lassar el fist eldux oger libe
Da quella part noli stoue garde
Deu'so spagna li cōt rollāt reue
Ot oliuer cū tut li doçe be
Di frācischi de frāça XX[m] adobe
Bataila aura orli secora de
Gaino li fol traito & li sperçure
Nala uoir pris chil oit reçelle
Ad Asia ī frāça po fo a mort çuçe
Or se comēça la geste & lo berne
ALti son li poi ele ual tenebror
Le roçe bixe, li destreit m'uellor
Quel çorno passa frāçois atel dolor
Mul e çiual demene tel crior
A set legue olde lom loremor
Passa ces aigue çigne & qui mōt
Quād isa prosma uer le tor maior
Veden gascogna lo regno de lor signor
E lierem̄bra de lor feo & de lor honor
De soi enfāt & de lor çētil uxor
El noie quel che de pece nō plor
Sor tut ialtri homini çarlo ē āgosor
Chal port de spagna oit lase so neuo
LI doç persom remas en spagna
XX. M. homini oit ī la soa 9pagna
Noan paura de mort ne de dotāça
E lēperer sē reparia uer de frāça

Plura de ses ocli tira sa barca blāça M. 830.
Soto so mātel elfa la 9tenāça
Apres delu li duc Naimes çiualça
Quel dit al roi de che aui pesāça
Çarles respont tort ais che me demāde
Sigrāt dolo ne pos star chenō plāçe
Sta noit meuene ꝑ uisason de lāgle
Entro me pūg me uid briser ma lāçe
Ꝑ Gainelō sera deserte frāçe
Ela çuçe mō nef rollāt in spagne
XX. M. hoī oit ī lareegarde
Entro tel çēt che guagre no liame
Deo selu perdo ma uiure nō demāde
LI enperer nō po star chel nō plur
De .XX. M. hoī ela molt grā paur
E de rollāt sia mereuelos dolur
GAino li fel oit fata la traiçon
Del roi Ma[w]silio pris na çēt don 73a.
Or & arçāt epalio esiglaton
Mul & çiuals echamels & lion
Ma[w]silio māda ī spagna ꝑ tut ses baron
Cont & uescōt e duc & almāsor
Li amirafles & li filz de cōtor
Quatro .C. M. nasēbla ī quatro cor
Tresqua ī seragoça fa soner ses tābor
Machomet leua sula plu alta tor
Noie pain nol pregi enolaor
Poi çeualça por molt grāt 9tēçon
Si trapassent qui tertre & qui mon
Dequi de frāça scosis lor 9falon
La reegarda de li doçe 9pagnū
No lassara ꝑ pain che batailla noidon
LI nef Ma[w]silio siest uenu dauāt
Sor une mulle eoit un bastō blāt
Son ōcla apella sile dist ī riāt

M. 863. Bel sire rois euos ai ꝓui tāt
Faites bataille euēcue alguāt
Si no sofert epenes & achāt
Un don uos chero ço e el cef rollāt
E lanciro amia spea trēçāt
Semachomet me deo mel uol eser garāt
Eo 9quiro despagna una grāt part
Dali porti daspre trosq̣a ī durestāt
No auerē poi guera tra tut nostro uiuāt
Li roi Maʷsilio lia rendu li guāt
LI nef Maʷsilio tēt li gꝛāt ī ses pūg
Son oncla apella sili dit ꝑ raxō
Bel sire rei doneç maui çētil don
Char me lasseç .XI. di uostri baron
Si 9baterō ali doç 9pagnō
Tot primiran li respōt Falsiron
E çil fu frer li roi Maʷsilion
Bel sire nef enu bē uaiaron
Cesta bataile ueramēt lafaron
Lareegarde de la grāt ost çarlon
Tut sum çuçe a mort enu li ōcirō
ROis 9sabrin siest dalaltra part
Barbarin est ede molt males art
E il aparle alei de bon uasal
Por tut lor deo nō uoio eser coart
Se trouo frāçois nolaxaro ni asalt
Eo .sum li t'co or se nadreli el quart
ATant çe malpʹmos de borgal
Dauāt Maʷsilio ses crie molt alt
Plus cort apei que nō fa unciual
Se Machō port mō cors ī rōciual
Se trouo rollāt no lasaro nilasal
73b. LI amirafles liest de balaguer
Cors oit grāt elo uis çēt efer
Dapoi chelest desor çiual mōter

Molt sefa fer de ses arme porter M. 897.
De uassalaçe molt est ben alloer
Fust cristian asa aust berner
Dauãt Maʷsilio çil senest escrier
In rõciuals uorai mõ cors guier
Se trouo rollãt amort sera çuçer
Et Oliuer cũ totes li doçe per
François morõt adol & auilter
Çarle Maine est ueelz nessera redoter
Recreãt est dela guera mener
Ancor auremo dolçe frãça el regner
Li rois Maʷsilio molt lest a mercier
UN Almãsor liest de buriane
No est plus fellõ ĩ le tere despagne
Dauãt Maʷsilio el dist esi seuante
In rõciual guidarai mia 9pagne
Vĩti millia hoĩ cascũ calãçe
Se trouo rollãt de mort li do fiãçe
Et Oliuer cũ li doç per de frãçe
Frãçois morõt adol & auiltaçe
Çamai no ert çorno che çarlo no sẽplaçe
DAlaltra part est Torqũi de tortolose
Cil est un cont siest la cite soe
De cristian sol far mal hore
Dauãt Maʷsilion sor li altri sa coste
E dist al roi ne uos esmaiez onche
Ꝑlus ualt Machõ cha san per de rome
In rõciuals çiro Rollãt 9fũdre
Veçe ma spee quãt ebella & lõge
A durĩdarda la meterai ĩ 9tre
Asoçoieri qualla stara desoure
François morũt adol & aonte
Çarles li ueilz naura dol eu'gogne
Çamai ĩ cef no portara corone

M. 931. DAlaltra part est Anterin de ualāterne
Saracin est riçes hō de soa tere
Dauāt Maʳsilio ses crie ī la presse
Se trouo Rollāt eli toro la teste
Et Oliuer chialtri çachelle
Li doç per son çuçe uenu agrāt ꝑdee
Frāçois morūt & frāça ert desertee
Debon uasal auroit çarlo sofreite
DAuāt li roi est un pain Astorgāt
Estramariç oit nom so 9pāg
E cil son fellō traitur eseduāt
E dist Maʳsilio signur ueeç auāt
In rōciual irē al port passant
73c. Siasaieron Oliuer & Rollāt
Li doç per damort nauera garāt
Tera maior auos rēdra ueremēt
Maʳsilio lolde de ço fo molt çoiāt
COrant uent Maçaris de Sibilie
Il tent la tere entresqȝ ala marine
Niait pain de tel çiualarie
Ꝑ soa belte molt dame estoit sauie
Femena nel uid chī uer lu nō seclarie
Volsist ono no abia talēt deriere
Sor le grāt presse sor les alt' soscrie
E dist al rei ne uos esmaiez mie
In rōciuals çiro rollāt açire
Ne oliuer nō portara la uite
Li doç per son liure amartire
Frāçois morūt efārça nert onie
Li rois Maʳsilio ꝑ fūdam̄t lincline
DAlaltra part est cornuble de ual nigre
Si lūgo son so çauil iusqȝ li pe latire
Maior fas porte ꝑ çoi che il se peine
Che nō fa set mul quād dauer sepise
Li çētil cōt de son pais se seure

Sel noie lux nel bloit nō poit crescre M. 980.
Pluuia nō cait rosee ni ait escre
Pere nō nait nō sia tut nigre
Dicūt alquat che diables ela entre
Ço dis Cornuble ma bona spee trēçe
Se trouo Rollāt ī mie plane uie
Seno lasai çama nobie lauite
E 9quirai durīdal la spee forbie
Frāçois morūt frāça ert honie
A cest mot li doç per ses crie
Vont adober soit una uolta antie
PAin sadobēt dosbergi saragoçes
Tuti li plusor en sūt duples entres
Lacēt lor elmes molt bō saracenes
Çinçe lor spee de laçer uianes
Confalōs ont blās eu'meies
Lasent lor mul & tuti lor palafres
A destrer mont si ciualcēt astres
Cler fo li çor[1]) eꝑ fer li soles
Pain nō ont garnimēt che tut ne reflābes
Sonoit .M. grailės ꝑ ço che plu bel ses
Grāt fu la noise sila oirēt frāçes
Dist oliuer 9pagnū Rollāt uees
Da saraçīs porōs batailla aures
Respōt rollāt edens nos la otries
Per so segnor de hom sofrir destres
E si de īdurer caldo fort & grāt fres
Si ne ꝑdir dela çarne & del pels
Malle çāçō che ça çubler nō des 73[d].
Pain ont tort & cristiās lo dres
Ma[v]silio exēplo ça nō isira de çes
OLiuer mōta desor opei altor
Garda sor destre ꝑme un ual erbor

1) Ein auf r folgendes e ist vom schreiber selbst wieder ausgestrichen.

1019. Et uit uenir cella çēt paganor
E si appella Rollāt ses 9pagnor
Deuer spagna ueço uenir tel brunor
Tant blās oberg tāt elmi flābior
Desot pain tāt destrer coreor
Gaine li fel oit faita la traisor
El noit çuçe dauāt Maʳsilion
Tos oliuer li cōt rollāt respon
Me parastre est neuoi che mot neson
OLiuer est desor un poi mōte
Or uel ben despagna le regne
Li saraçin che tot sūt asēble
Lusent cels elmes eper dor çeme
E cil escuz & [1]) celle brune safre
E celle ensigne eçes 9falō ferme
Desot pain tāt coreor destrere
Nelles esceres nō poit hō esmere
Vent ali frāçois silor ont acōte
DIst oliuer fraçois eai pain ueu
Unques nul home ī tere nō ui plu
Qui dauāt nu ben .C. M. escu
Elmes & lāces & blās oberg uestu
Cintelor spee alor col li escu
Lor 9falō & lor esplee amolu
Si sūt mōte sor lor çiual crenu
Bataille aurō ma unches tel̃ nō fu
Frāçois signur da deo abia uertu
El cāpo steç bem cheno siā uēcu
Respont frāçois malabia chi sen fu
Ça ꝑ morir ne uos fallara un
DIst Oliuer pain ont grāt ensforç
Denos frāçois me resēbla auer poche
Cōpagnō rollāt car sonçe uestre corn

1) Die darauf folgenden worte: ces confalō, sind wieder ausgestrichen.

Siloira çarles che est passe al port M. 1052.
Secorera nos li rois al son estorç
Respōt li cōt ça farai come fol
E frāça dolce noit p̱der sa lois
Se p̱ pain ça sones mō cornu
Ançi li feriro de durīdarda grāt colp
Sālgoit nest li brāt entresqʒ allor
Nostri frāçois il farūt adesforç
Fellō pain mallor passoit alport
E nos ploris tut son çuçe amort
COnpag rollāt ber sone lolifāt
Siloira çarles chi est alport passāt
Eo ue prometo ça tornerōt li frant 74a.
Ne plaça deo dist le cōt rollāt
Che por pain soni mō olifant
Auāt uerez la batailla si grāt
Che durīdarda uerez la cer sāglāt
François ferirōt se deo plait nobelmāt
E çil de spagna da mort naurāt garāt
COnpagnū rollāt sonçe la meslee
Siloira çarlo de frāça līperee
Lost de frāçois ont fara retornee
Secorēt nos ī lestraçe 9tree
Ço dis rollāt ne plaça deo mō pere
Ne sāta Maria la soa dolce mere
Ançi li feriro de durīdard ḿa spee
E tresqual pūg siert īsāglitee
Fellō pain mal sont asenblee
Meio uoi morir cha frāça sia blasmee
DIst Oliuer de ço no aueri uu blasme
Cheo ueçu li saraçī despagne
Couert en sont li poi & le mōtagne
Ver le lariz etrestoit en spagne
Sonçe li corno si loria çarlo elmaine
Tas oliuer nosera p̱ mia arme

M. 1089. Ne plaça deo ne ses sãtisme angle
Che ꝑ pain ses ualor perda frãçe
Ançi feriro de ma spea ado mane
Meio uoi morire che ad õta remagne
OR uede ben rollãt che bataılla sera
Plus se fafer che lion ne liopard
Rollãt ses cria Oliuer appella
Sire 9pagnũ amig tre uos ĩ ça
Li enperer che ci nos mãda
Tel .XX. M. homes niest ĩ nule part
Ꝑ sõ segnor de hom sofrir grã mal
E de ĩdurer frert fred & grã chald
E si de ꝑdere del sang & dela car
Se nos murõ porõt dir ĩ tute part
Chin tot li mũd nõ fu tãte noble uasal
Çarles de frãça uent nos secorãt
ROllãt est proç Oliuer est saçe
Ambes dos ent bon uassalaçe
Dapois chi sont aciuals et armeç
Ça ꝑ morir no garpirõt bataille
Cors ont grãt cortois ea uenable
Bon son li cõt elor paroles alte
Fellõ pain ꝑ grãt uertu ciualce
Cist nos som uexim ma trop elõç çarle
Vostro olifãte soner nolo dignaste
Fuste ie li rois no auremes damauges
Cil qui sũt seg nõ dont auer blasme
74ᵇ. Sire garde deça uer li port daspre
Veer poi dolent la reegarde
Nuche laum faite no farõ ma altre
Tas oliuer no dites tel oltraçe
Mal seit alcors chi el naitre achoarde
Nus remaron adesdut ĩ la place
Ꝑ nos ert fait li colps eli caple

DAlaltra part est larciuesqʒ trepin M. 1124.
Son ciual broça mōte sor un larin
Frāçois apella un ꝓmō lia dit
Baron frāçois çarlo nos oit lasse ci
Ꝑ nostre roi douen sttatut morir
Cristiēte nos douen sostenir
Char nos aolz ueez li saracin
Clamez uostre colpe si p'ga deo m'ci
Asoluera uos ꝑ uostre arme garir
Frāçois desēdēt ꝑ tera se son mis
E clamēt lor colpe li grāt & li petit
Li arciuesqʒ da deo lia benedit
Per penitēcia li comāda a ferir
LI frāchi de frāça se driça sor pe
Ben sont asolti de tuti lor pece
Li arciuesqʒ da deo li ont signe
Pois sont mōte sor lor corāt destrer
Adobe sūt alei de ciualer
E de bataile sum tuti aparecle
Li cont rollāt appelle oliuer
Ben creço che Gaines na çuçe
Li ēperer nos deuroit uençer
Li roi Ma^{w}silio de nos ont fat merçe
AL port despagna en est entre rollāt
Sor ualiantig son bon destrer corāt
Porteit ses armes molt son auenāt
E so 9pagno Oliuer ap^{w}es uait sequāt
E cil de frāçe li clamēt agarāt
Cors ont grāt cortois & auenāt
Et en ses pug ses aste palmoiāt
Poi li metēt un 9falon tut blāt
Li bande ador li batēt tresqʒ aleman
Inuer pain feramāt regardāt
Poi li oit dit un mot cortesemāt
Inuer frāçois dolçe & umel māt

M. 1165. Segnur baron soeue li pax tenāt
Cist paien uent grāt martirio chirāt
Ācoi uederi un çābel sigrāt
A ces paroles sen uōt sost acostāt
DIst Oliuer rollāt nia cur de parler
Vostro Olifāt ne lo dignes soner
Ne de çarlo uos niēt neaurer
So molt ben noa colpa li roi li ber
74^{c}. Cil qui sont sēg no sō mia ablasmer
Ber çiualce atāt quāt nos nauer
Baron frāçois el cāp nos retiner
Por deo uos prego che siez por pēser
Di cols ferir retencre & doner
Līsegna carles no deuōs oblier
Chi uncha ueist mō çoia demāder
Frāçois ciualcēt ꝑ sigrāt ferter
E breçau auāti ꝑ plu tost aler
Si uōt aferir açellor chelor fer
E saraçīs se sont apareler
Franchi & pain se sont entramescler
LI neuo Ma^{w}silio chioit nom aderlot
Tut primirās ciualçe dauāt lost
Arme oit bone ciual corāt & fort
Fellon Frāçois uu çostrari cū nost
Trai uos aculu che guier uossoit
Anchoi ꝑdra frāça dolce soa loit
Rollāt & Oliuer nesera mort
Li port despagna enseroit a repos
Rollāt lintēd cū grāt ira el noit
Lo ciual broça deses speron ador
Vait aferir lo pain quāt el poit
Liscu li frāçe & lusberg li descloit
So grāt espee liai mis īçel cors
Ses arme li brise apres tut lesos
Tuta la schina li^{a} dessemee dal dos

A son esple li cors li çeta fors M. 1202.
Plena a ses aste del ciual labat mors
Oltre culuert p^{2}is aueç mortel di colp
Vos mētistes çarles noe mia fol
Ne traitor unques amer nel uol
Anci fist cū pros che nos lasse alport
Ne ꝑdra dolce frāça soa los
Feri frāçois nostre li p'mer colp
Nos auen droit ma cest glotō altort
UN dux liert chi oit nom falsirō
Ecil fu frer li rois Ma^{w}silion
Il tent la tere entresqꝫ albirō
Soto el cel nooit plu īcresme fellō
Dētro ses oilz molt a larçe sa fron
Un grāt meço pesurer li po on
Ases oit grā dol quāt uit mort so neuo
Ex de la prese mis son cors abādon
Oliuer li uoit si noit grād iron
Li ciual broç de ses endorer speron
Vait la ferir aguixa de baron
Liscuz li frāçe & luberg flamiron
Al cors li mist le bande el ꝯfalon
Plena ases aste labat mort des arçon
Gardoit atera uit çasir li gloton 74^d.
Poi lioit dit ꝑ molt fort raixō
De uestre menace culuert noa son
Ferez frāçois che ben la ūicerō
Lo p'mo colpo enostro mō çoia roi Karlō
LI roi iostra ki oit nom Corsabrīs
De barbarie dune strāçe pais
Cellu appelle les altres saraçīs
Ceste bataille ben li porō tenis
Che de frāçois li sūt asez petis
Cil ki sūt douū nos auer uils
Che ꝑ ça^{w}lō niert garētis

M. 1242. Ancho in cesto çorno ne 9uē tut moris
Ben lītēde arciuesqʒ trepīs
Pūç li destrer uait li pain feris
Liscuz li frāce & luberg lia mal mis
Che mort labat dauāti li alçamis
Li saraçī lioit mis un grā cris
Maomet sire larme aça de mis
Frāçois loirēt si sen cōmçet aris
Dist larciuesqʒ ī malor li uenis
Tel dam nedeo atu āchoi requis
Enç ī linferno tu sera sepelis
Gardoit a tere uit lo glotū çasirs
Oltre glotō uos auez ben mētis
Çarles mō sire nos deuroit garētis
Nostri frācischi neont taloit de fuçirs
Vostri 9pagni serōt tut ōcis
Nouelle mort uos stouera sofris
Ferez frāçois no siez ī oblis
Lo primo colpo enostro deo m'cis
Mon çoie escrie ꝑlo cāp retenis
BEreçers fert Malprimes de borgal
Son bon escuz neli ualt un meal
Tut li frāçe laborcle de cristal
Li pain cait 9tra tere dū ual
Larma de lu enport el setenal
ES ses 9pāg Auolie fiert la mirafle
Liscu li rōpe eloberg desaure
So grāt esple li met ꝑ la coraie
Plena a ses ast labat mort ī la place
Culuert li dist mal lo pēsaste
Monçoie scrie ço ert linsegna Carle
Sāson li duc uait aferir Lalmāsor
Lesmes lifrāç che çeme est aflors
Liblans oberg noliert gaires por
Trēcēt li cors le figa & li polmō

Che mort labat chi ki pins ochi nō M. 1279.
Apres li dist qui morieç glotō
Ꝑ uostre roi no aurez garison
Ço dist Rollāt cel fo colp de prodom 75[a].
ET Anseis lassa son ciual corere
Si uait aferir Torqũi de Tortolose
Liscu dal col li franç & desfrosse
E de ses oberg lia rōpu la dople
De ses spes brun alcors li mist la melle
Plena ases aste alcāp mort li stratorne
Apres li dist pris aueit mortel colpe
Ço dist Rollāt cil fo colp de prodome
Ençeler lo uescōt de bordella
Son çiual broça si laissa sa reina
Si uait aferir Antermin de ualterna
Liscuz dal col li frāç & descātella
E de sũ usberg li rōpe lauẽtella
Sil fert alpeit por desor la mamella
Plena ases aste labait mort de la sella
E pois escrie uenu estes aperdea
AStolfo fer un pain Astorgāt
In son escuz ī la pẽna dauāt
Che tut li detrẽça li uermil el blāt
De son uberg lia rōpu lemal
Al cors li mist son bon esple trẽçāt
Che mort labat de son ciual corāt
Apres li dist de mort no aurez garāt
E Berẽçer pũç ad estramatis
Liscu li franç & luberg lia mal mis
So grāt esple īce li cors lia mis
Che mort labalt ītre mil saraçīs
Di doç per li dexe en sont ançis
Ne ma ge dos nesun remas uis
Co fu Cornuble & li cōt Maçaris

M. 1311. MAçaris emolt uailāt ciualer
Ebel efort & isnel & liçer
Li ciual broça uait aferir Oliuer
Lescuz li frāç sor la borcla dormer
Deson uberg la maille li deseurer
Lōgo li coste li 9dux son espler
Deo le gari chin carne nol tocer
Fraita soa asta che demēte līberer
Oltra sen passa chel nola īgōbrer
Poi traçe soa spea cū uailāt ciualer
A cīque di nostri oit li cef colper
Sona mil gral por pain alegrer
LA bataillla e meruelossa e comuna
Li cōt Rollāt miga nosasegura
Fer de soa lāça quāt lasta li dura
A quīdex colp loit fraita erōpua
Trait durīdarda soa bona spea molua
Lo ciual broça uait aferir Cornubla
Lelmo li frāç oli carbon reluxa
75[b]. Trēça li cef tu la çauellaura
Tuto lo uixo & tuta la faitura
E tut luberg donde la mailla ert menua
Albon ciual oit la schina fendua
Tut labat mort in lerba drua
Apres li dist culuert mal siez uenua
Ꝑ ti glotō nō sera ma bataillla uēcua
LI cōt Rollāt ꝑ me lo cāp çiualçe
Tent durīdarda che ben trēça & bē taile
De qui despagna el fa si grā dalmaçe
Chi lun ueest çeter mort sor lautre
Lo sang tut cler ensaie for & desglaçe
Sāglēt nest son uberg & son elme
Son bon ciual el col & lespalle
Et Oliuer del ferir nose tarde
Li doç ber no de ma auer blasme

Morūt pain alquāt si sen spasme M. 1348.
Dist larciuesqȝ nostra çēt se salue
Or plaxesse a deo de tel naues asa çarle
ET Oliuer çeualçe ꝑ lestormon
Ses asta fraita si retēt un trōchō
Si uait aferir un pain Falsiron
Leumo li frāç & luberg li deron
For de la testa li mis li ocli del fron
E la ceruella li çeta ai pe deson
Che mort labat intro çento delon
Pois oit oncis storgen & storgion
Soa aste fraite solez ītresqȝ al pon
Ço dist Rollāt 9pagnō che faites uon
In tel bataille nia cura de baston
Fer caçer li doit auer uallon
Oe uostre spee che altacler oit non
Dor e li elço & de cristal li pon
For durīdarda nō so una mion
Eo no la possa traire oliuer li respon
Che del ferir eo sū ī tal bexon
Chel me ītorno .XXX .M. sclauon
QVād Oliuer atrata sa bona spea
Che ses 9pag li auoit domādea
El liait cū ciualer mōstrea
Fer un pain Gustin deual bitea
Trēça li cors & sa bruna safrea
Tuta lasella che fo ador çemea
E al ciual ala schina colpea
Tut labat mort dauāti lu ī la plea
Dist Rollāt mo uos cognos eo frea
Por tel colpi ferir uos ama lēꝑera
Da tut parte mō çoia escrea
LI cōt Ençilin seit ī ciual liures
E ses 9pag Ençiler ī passa cers
Laisēt lor reines si broçēt tuti ades 75c.

M. 1382. Si uōt aferir un pain Timodes
Lun elfer ī luberg & laitre ī lescu çemes
Che mort labat dauāt si ī lerba fres
E spe[w]çiaris iest li filz bores
E lu ancist ençiualer de bordels
Le arciuesqȝ çet mort çēglorels
Līçātaor che ça fu alinfers
Ᵽ arte de diable li 9dux Jupiters
Dist larciuesqȝ çestu e molt fels
Respond Rollāt uencu est lo culuers
LA batailla est fort & dura lōgamēt
Frāçois & pain m'uelos colp lirēt
Laueistės tāt ast sanglitēt
E tot 9falō rōpere īsemēt
Tāt bon frāçois ꝑdere lor Juent
Ça mai[1]) no li uerōt ni pares ni parēt
Ne çil de frāça che al port les atent
Daqui de çarlo no auront il secorēt
MAluaxio seruixio ge fe lo corno gaine
Chin saragoçe aloit sa maxence uēd[w]e
Pois enꝑde la uita elemēbre
Inlo palaxio dasia en fo çuçe apēdre
De ses parēti ensenbla lu ben trēte
LA bataille est adurea & grāt
Molt ben lifer Oliuer & Rollāt
Larciuesqȝ plus de Mil colpi li rāt
Li doç per nose tarde niāt
E li frāçois firūt comunalmāt
Morōt pain adol & atormāt
Chi nō sen fuit da mort noa garāt
Frāçois ꝑdūt lor mior garnimāt
Espee ador e lor lāçes trēçāt
Confalon Rois eu'mil el blāt
E de lor spee si son fresse li brāt

1) Ein auf mai folgendes lo ist wieder ausgestrichen.

Ꝑdu ont māt çiualer uaillāt M. 1420.
Neli uerōt ne pares ne parāt
Ne līperer cheal[1]) port les atāt
In frāça noit merueillos tormāt
Grādi son li trū emenu esouāt
E teremot sont am'ueille grāt
Dameç di le tenebre grāt
Nea clarite selle cel no sefant
Nulla cite est dond le mur nō treuāt
Hō nol uid che tut nosespauāt
Dient plusur questel di fenimāt
Cil no sauēt mot nel diēt ueramāt
Deo li fist tot ꝑla mort de Rollāt
GRāt son li ensegne & li oraçe pesme
In frāça noit cose molt auerte
Da meço di trosqȝ lora de uespre 75d.
Lanoit iest oscura & tenebre
Sol ne luna nō poit rēdre luçerne
Hō nol uid nose aut sauie ꝑdre
Tel dolor deit asa ben esere
Rollāt more che li altri çaelle
A san donis est scrit ī la geste
Plus meutre çiualer nō fu ācor ī tere
Por pain detrēcer & por tere 9quire
LA batailla est adure & pesme
Frāçois ifirēt delor trēçāt espe
Niait cil no laça ensāglete
Crient Mō çoia linsegna renome
Pain sen fuç ꝑ tot la 9tre
Cil lincaucēt onche no li ont ame
Veent pain che dura ela mesle
Lasent lo cāp si se tornēt ī fue
Cil li encalcēt del prēdre nont cure
Laueiseç hō li plaines si uestue

1) a von späterer hand über der zeile nachgetragen.

M. 1438. Tāti saraçī çasir sor lerba dure
Tāti blāchi oberg tāt brune ki reluse
Tāt ast fraite tāt īsigne rōpue
Cesta bataille ont frāçois uēcue
Deo si grā pene liest soura corue
Çarles enpdera so baldor & sauie
Chin grāt dolor est frāça chaue
LI frācischi de frāça ont feru aualor
Morūt pain amiler & aplu
De cent mil nō poit garir maū
Dist larciuesqȝ nostri hoī sū pro
Sot el cel noe rois che tāt nabia de mior
El est scrito ī la geste frācor
Che bon uasal oit nostro īperaor
LI cont Rollāt eciualer n̄brer
Et Oliuer cū totes li doç per
E li frāçois che ben sont daotrier
Pain ont mort p lor grāt poester
De cento .M. nō poit ma un aler
Ço est Malçaris cusi li oldu nomer
Sel senfuit no fu mia da blasmer
Grāt īsigne po de son cors mostrer
P me li cors fieru de quatro espler
Inuer despagna cil sen est retorner
Vent a Maʷsilio si li ont nūcier
QVād Malçaris sel neste reparie
Ses fraita & son escu detrēcie
De soa borcla noa que meço pie
E son oberg rōpu & desmaie
E desespee sāglāt noit laschie
Il uēt del cāp oli culpi fu fie
76ª. Deus qual barō se il fust cristie
Al roi Maʷsilio loit dit e 9tie
Molt alta mēt il comēça acrie
Bon roi despagna aesforç ciualcie

LI frãchi de frãça edesuee M. 1449.
De colps firir ede nos ma^{w}tiriee
Ꝑdu ont ses lãces & espee
E delor hoĩ una grãt mitee
Cil chi sont uiui molt sont aflebee
Tuti li plusur ĩnaure & sãglẽtee
No ont armes donde possũt aidee
Frãçois reclamãt Rollãt & Oliuere
Li doç per car nos uenez aidee
Li arciuesqʒ alo respont enprimere
Hoĩ de deo uos fait baldo & fere
Oi receueri onor ĩ uestre çeue
Santo paradixo auos ert otriee
Entro lor ost dolor & peçee
Lun plura laltro ꝑ molt çẽt amistee
Ꝑ carite se sont entrabasee
Rollãt escrie segnur ceualçee
Or uẽt Ma^{w}silio a C. .M. çiualere
Ma^{w}silio çiualç ꝑ me una ualee
A soa grãt ost che il oit asẽblee
Veite eschere ali roi anomee
Luxe qui elmi aper dor çemee
E cil esplez & cil ensigne fermee
E quilli escuç & quelle brune safice
Set millia corni ensona ala meslee
Grãt fu la noisse ꝑ tota la cõtree
Ço dis Rollãt 9pagnõ oliuer frere
Gainelõ oit la nostra mort por pẽsee
La traixõ nepo eser çelee
Molt grãt uẽçãça en fara lẽperere
Batailla auerõ efort & aduree
Oncha mai hõ nõ uid tel aiustee
Eo li firiro de durĩdard maspee
E me 9pag Oliuer ço cuit daltaclere
Portãt tere nu li auon portee

M. 1465. E tāt bataille faite & diuisee
Male cāçō no de esere çātee
QVād frāçois uid che de pain ge tāt
Da tut part ne cuu'to lo cāpt
Frāçois reclamēt Oliuer & rollāt
Li doç per or nesia engarāt
Li arciuesqȝ respont primera māt
Bon ciualer nō pēse mal tallāt
Che nul prodon deuu maluasiamāt çāt
Maune cose ue ꝓmet uoiremāt
Sant paradixo trouari enpresāt
76b. A quest mot se rebaldis li frāt
Broça auāt sor lor ciual corāt
El noie quel che mō çoia no demāt
MArxillio emolt maluaxio rei
Dist ali pain uu si tut me fei
Rollāt est de merauels podei
Chi lu uol ūicere ben pener se dei
Ꝑ doe bataille no sera uēcu ço crei
Cosa che no poi li donarō trei
Anchoi ꝑdera Karlo so podei
In grā uilte uederi frāça chaei
Le dexe eschere romara q̧ cō mei
Le autre dexe çostrara ali frācei
A grādonio dona una īsigna ador fei
Por tel 9uenēto che li altri ço guei
Ello otria lo comādam̄to dorei
LI roi Maʷsilio romase sor un mon
Grādonio uen ꝑ una ual deson
A tri fel dor ferma ses 9falon
Apres ses cria car çiualce barō
Sona Mil graille ꝑ ço che plus bel son
Dis li frāçois deo per chei fairō
Tant mal uedesem li cōt Gainelō
Che nu uēde a Maʷsilio ꝑ far la traisō

Car nos aidez li doç 9pagnō M. 1483.
Li arciuesqȝ tot primirā respon
Bon çiualer oi receuez honon
Deo uos donara ecorones & flors
In paradis intro quel glorios
Mais li coart miga no ientrarō
Respont li frachi comunalm̄t ferō
Çaꝑ morir noli serē fellō
Broça auāt de īdore sperō
Siuōt aferir qui incresme fellō
LI roi Maʷsilio dexe schere[1]) uol retinir
Le altre dexe çiualce por ferir
Dis li frāçois deo qual perdea auon qui
Li doç ber ache porōt deuenir
Primer respōt larciuesqȝ trepin
Bon çiualer deo e denu molt ami
Ancoi seri corone & floris
Seglo aurē ī lo regno paradis
Mais li coardi miga noisera mis
Respōd frāçois neuedouon falirs
Se deo plaxe ça no seren 9tradis
Nu gueriarō tut tēpe a nostri inimis
Pocha auen de gēt ma nu semo ben ardis
Brocēt auāti por pain inuaiʷs
Atāt se mescla pagā & saracīs
UN saracī liest de saragoçe
Cil tent la tere trosquia perecoste 76c.
Coste & lōbonie che ne fuçi ancor ꝑ home
Fiança pris de Gainelō le cōte
Sili dona son elmo & son carboncle
Tera maior dis mercie adonte
E liperer de torlu la corone
Seit ī un ciual cō clama barba noselle

1) Im texte steht seor unterpunktet, am rande ist schere nachgetragen.

M. 1492. El est plus isnel che oxel chi uole
Broçal ben a frāçois lasa corere
Si uait aferir Jnciler de Gascogne
Nol poit Garir son escu ne soa brune
Tot son esple ī li cors li ꝓfūde
Soa bona insegna del uermil sang īroçe
Plena asoa lāca alcāp mort listratorne
Apres lidist quist e bon da 9fūdre
Dis li frāçois deo qual dol del prodome
LI cōt rollāt apella oliuer
Sire 9pagno çae mort Jnciler
Nu no aueam plus ardi çiualer
Li ēperer nos liauea laser
Respond Oliuer deo mel lasi uēçer
Lo glorios perer la soa bonter
Tint altaclera donde brun liacer
Lo ciual broça de du sperō ador mer
Ꝑ grāt uertu uait aferir leliçer
Lelmo li frāçe trasquia li naser
Tuta la testa lia mis ī doe mite[w]
Trēça li cors sia mort son destrer
Brādist son colp li saraçī trabucer
E pois a mort li dux alfaniel
Achabuel a tollu altersi li cef
Quatordexe arabit iloit desciualçer
Chi no fo ma ꝓdomini por geroer
Ço dis rollāt me 9pagn e īrer
A nul altro home lonor aparecler
En9tra moi sefa ben apresier
Apres ses cria firez frāchi ciualer
DAlaltra part est un pain ualdebron
Çiualer est del roi Ma[w]siliō
Sire est demer de .III)[c]. đormō
El noie schipa chese clam se ꝑ lu nō
Jerusalē elpris ꝑ traison

E si guasto lo tēplo de salamō M. 1524.
Lo patriarcha ançis dauāti le fon
Fiança pris dal cōt Gainelō
Seit in un ciual cū clama gardemō
Broçal ben si uait aferir Sansō
Dux ert de frāça sie molt riçes hō
Liscuz li frāç eluberg li deron
Sil fere al peit ꝑ desor li mēton
Plena soa asta labat mort alsablō 76 d.
Apres ses cria qui morieç glotō
Maluaxio secorso auereç da çarlō
Feri pain che ben laūicerō
Dis li frāçois deo qual dol del prodon
LI cōt Rollāt quād uid sansō mort
Doncha tel dol oncha mai tel nolot
Li ciual broça de dos sperō ador
Trait durīdarda che plu ual cha fin or
Vait aferir li pain quāt el pot
Lelmo li frāç elusberg li defeot
Tuta la sella che çemea est ador
Et al ciual ꝑfūdam̄t li dos
In doe mite lia parti li cors
Ambi duīacis si blasmo nō ot
Escriait pain queste merauelos colp
Respōt Rollāt nō posso amer li uost
Chin uer uos est largoio el tort
DAfrica est un affricāt uenu
Çoe Malgide li filz del roi maalgu
Sor garnim̄to etut ador batu
Cōtra lo sol soura li altres rellu
Seit ī un ciual cū clama salꝑdu
Bestia noe che possa corere cūlu
Broçal ben de du sperō agu
Si uait aferir Anseis sor liscu
Tot li ait frait efendu

M. 1558. So blacho uberg desmaieçe rõpu
Ꝑ me li cors li mist el fer el fu
Plena a soa ast al cãp la abatu
Mort e li cõt de so tẽp noa plu
Dist li frãçois bõ çiualer mal fu
AQuest parole ke frãcois se demẽte
Corãdo liuen Trepin li arciuesqȝ
Tel corone no cãto unca messe
Ne de son cors fesse tãte proeçe
Dist al pain domenedeo mal te tramete
Tal matu mort chel cors me regrete
Meio uoi morir che cer no tel uẽde
So bon ciual il oit lase la reene
Fer li pain desor lescu de tolete
Mort labat ĩ lo cãp sor lerbe fresche
Dient li frãçois ben feri nostre arciuesqȝ
DAlaltra part est un saracĩ Grãdonie
Filz chaduel un roi de Capadocie
Seit ĩ un ciual cũ apelle Marmorie
Broçal ben afrãçois laxa corere
Laxa la reine de du sperõ lo toçe
Si uait aferir Inçilin ꝑ grãt forçe
Liscu li frãç merueilos colp li porçe
77ª. Tuta la bruna lia fraita edesdose
Al cors le mist tuta linsegna baoine
Che mort labat ape dun alta roçe
E ses 9pãg Gerer oncis anchore
E berẽçer & Guion & Anthonie
Poi uait aferir un richo cõt Austoine
Il tint ualẽça ellonor chiafere
Mort labat enz in me lapresie
Dist li frãçois molt deçee[1]) di nostre
Li cont tent soa spea sãglẽte
Da tut part la dona ela presẽte

1) Das letzte e sehr unsicher.

Molt oldi ben che frāçois se demēte M. 1587.
Tel dol elnoit ꝑ locor cuita fende
Deis al pain deo grā mal te 9sente
Tel mai tu morti ke cer tel cuito uēde
Lo ciual broça del corer no salēte
Chi ke sen ꝑda nu iostrarē īsēbe
GRādonio fu e prodon & uaillāt
Eu'tuoso e uasal 9batāt
In me sa uoie oit ī9tre rollāt
Il nol uid ma sil conos ueremāt
Al cler uisaço & al fer 9tenemāt
Al regarder & al cor chela grāt
De durīdarda uid lacer sāglāt
Nepo muer che tut no se spauāt
Fuçir sen uolis ma no ge ual niāt
Li cōt li fer molt uigorosamēt
Lelmo li fende trosqual nasal dauāt
Trēça la testa eluis tres qui aldāt
E tut li cors & luberg açirāt
De loria la sella le do alues dariāt
Et alciual li dos ꝑfūdemāt
Ambidos īacis sēça retinimāt
Li saraçī sen clama tuti dolāt
Dis li frāçois ben feri nostro garāt
LA bataille est merauellos & astiue
Frāçois li fer delor spee forbie
Trēça quelle aste & çelle tarçe florie
Fende quilli elmi olior reflābie
E retē lo cāp ꝑ uigor & ꝑ ire
Deo quāt teste lie ꝑ meço partie
Auberg desdot & brune desartie
E uestimēt ītresqȝ ala çarne uiue
Dequi despagna ifa si grāt Martire
Sorlerba uerde li cler sang lixie
Dist li pain nu nol sofriron mie

M. 1616. Tera maior Machomet temaldie
Sor tuta çēt sie la toa aide
El noie quel che no clami Ma^{w}silie
Çiualça roi bel sire sinaie
77^{b}. FEllō pain li fer astiuamēt
Eli frāçois no li sparmia niēt
Laueist hom si grāt dolor de çēt
Tant hoī morti īnaure & sāglenti
Tant bon ciual ꝑ lo cāp ua fugent
Dentro lor pei lor redane detirēt
Li saracīs nol po sofrir atēt
O uoia ono si senfuç del cāp
Nr̄i frāçois molt ben liuait sequēt
Dequi a Ma^{w}xilio si liua ançigēt
FErt Rollāt cū çiualer fort
Eli frāçois lor çiual menā tost
Qui de Ma^{w}silio uait al pas & al trot
In sāgue u'mio si uāno ītresqꝫ alcorp
Li brādi dacer lor sont frosse & tort
Arme noa che secora lor cors
Quād li renēbra delor graile & delor corn
Quelche na un se rēde fer & fort
Dist li pain frāçois sūt uasal trop
Li grā daumaçe e torne sor li nost
Lasan locāp si uolz ai nostri li dos
Frāçois li fer de lespee grāt colp
Trosqui a Ma^{w}silio uala traine di mort
MArxilio uede de soa çēt lo martire
Si fa soner ses grailes & ses busine
Possa çiualça asa grāt ost bandie
Dauāti & altri uen un pain albismie
Plu fel de lu noe ī soa 9pagnie
Il est un hō de molt grāt fellonie
Oncha nul hō nel uid cugar ne riere
Plus ama ello assa traixon e bosdie

Che el no fa tut lor dōgarie M. 1637.
Elle plu negro cha carbon īcisme
El est druo del fort roi M^{w}silie
So dragō porta ꝑ soa grāt çiualarie
Li arciuesqȝ nola mara ça mie
Quād el eluid a ferir lo desire
Molt soaue mēt el dis alu meesme
Questo saracī ben resēbla ad hō pesme
Ma sa deo plais el node ma plu riere
Oncha no amo coardo ne coardie
Meio uoi morir che custu no ancie
Li arciuesqȝ com̄ça labataie
Seit ī un ciual ke el tolse īprosaie
Da un deleciçe sel 9quis ī danes marce
Li destrer e molt corāt & de bō aire
Li pei oit coples & le gābe oit plaite
Curte le cosse & la grope molt large
Lōgoīle cosse & la schina molt alte
Gris ī lecoste & u'mie ī lespalle
Ben fato ī lo colo iusqua ī la gargate 77^c.
Blancha la coa & la crine oit çaine
Pitet li orecle tuta la testa falue
Soto el cel noe bestia che 9tra lu uaie
LI Arciuesqȝ el broça ꝑ son bernaie
Lo freno ador tuta la reine lasse
No lassara che albisme no asaie
Vait aferir in son escu mirable
Che tut reluxe cū pēna de gaçe
Pere li sū matistes etopaçe
Cristal li est & carbōcel chi arde
Tirpin lo fer che niēte no lo sparmie
De son uberg ben doe spane lo desaure
Li cors li trēca daluna coste alaltre
Che mort labat ī une uode plaçe
Mon çoia escrie ço ert linsegna çarle

M. 1669. Dist li frãçois custu agrãt uasallaçe
In larciuesqʒ ben est la crox salue
Car plasesse a deo che de tel aues assa çarle
LI cõt Rollãt apella Oliuer
Sire 9pag sel uoleç otrier
Li arciuesqʒ e troi bon ciualer
Nõ ẽ mior ĩ tere desot el cel
Bensa sa ferir de lãça & despee
Respond oliuer car lu andemo aider
A quest mot lifrãçois com̃çer
Duri e li colpi & li caples molt fer
Molt grã dolor lie de cristien
LI frãchi de frãça a lor arme ꝑdue
Ancora ie ben quatro cẽt spee nue
Ferent e caplẽt sor qui elmi che reluxe
Deo[1]) quant test sont ꝑ meço partue
Oberg desdoit e bruine rõpue
Trẽçent peç & pung & faiture
Dis li pain molt frãçois nu desfigure
Chi no se defende de soa uita noa cure
Tera maior Machomet te destrue
La toa çẽt ala mia 9fũdue
Tãte cite ma frato & tolue
Che çarlo tene alabarba çanue
Roma 9quis et calauria epulie
Costãtinopoli e sansengne la lõge
Meio uoi morir che men fuge
Fereç pain che frãçois no sasegure
Se rollant more Karlo ꝑdra soa uie
E sel uiue la nostra aurẽ ꝑdue
FEllõ pain orge fer de lor lãce
In quil escuz ĩ li elme ke reflãbe
Fer & acer li rend tel 9sonaçe

1) o von späterer hand über der zeile hinzugefügt.

In9tra cel ne uola fogo & flãbe M. vac.
Sãgue et ceruelle ki doncha uedes spãder 77[d].
Li cõt Rollãt si na dol e pesãçe
Quãd uid morir qui bon uasal çataine
A lu renẽbre dele tere de frãçe
E de ses oncle li bon roi Çarlemaine
Nõ po muer tut so talẽto nõ cãçe
LI cõt Rollãt se mis ꝑ la grã presie
Mais del ferir no fina eno cesse
Tint durĩdarda sa bona spee traite
Oberg che rõpe e des cassa qui elme
Trẽça qui cors & qui pũg eleteste
Tel cẽt paien çeta morti uer tere
No ie quel uasal no se cuit esere
DVx oliuer torna dalaltra part
Del ben ferir sia pres un asalt
Tene altaclera soa bona spea lial
Soto el cel no e tal sel· noe durĩdal
Oliuer la ten eforment se 9bat
Li sãgue uermeil enuola entresqʒ albraç
Deo dist Rollãt cũ quisti sont bon uasal
Tãt çẽtil cõt tãt pro & tãt lial
Nostra amiste ancho in questo çorno ne fal
Ꝑ grã dolor ancho se departira
E lĩperer ma no recourara
Ne dolçe frãça ma du tel no aura
Eli frãchi hoĩ che ꝑ nu pregara
In sãta clesia orasõ ne fara
In paradixo ꝑ certo la soa arma çira
Oliuer lassa sa reina & sõ çiual broça
In la grãt presia a rollãt saprosma
Dis lun alaltro 9pagnõ tra uos ĩça
Se mort no mãci eo ne uos falira
CHi doncha ueist rollãt & oliuer
Delor spee ferir & caploier

M. 1691. E larciuesqȝ de soa trẽçãt spe
El est scrito & ĩ çarte & ĩ breue
Frãçois noũt morti plu dũ mier
A quest stormẽ ont fait molt ben
Lo quĩto apres li est greue & pesme
Tuti sõ morti fraçois ꝑ reuelle
Seno sexãta che deo lor ascãpe
LI cõt Rollãt quãd uid di so tal ꝑde
Ses 9pagnõ Oliuer en apelle
Sire 9pagnõ ꝑ deo oruerenẽbre
Tãt bon uasal ueez çasir por tere
Plãçer deuẽmo dolçe frãça belle
De tãt barõ cõ romã ãcho deserte
Sire 9pagnõ cũ la porõ nu faire
Por qual ençigne mãdarõ la nouelle
Dis Oliuer eo no so 9sei querire
78ª. Meio uoio morir che reproçe me sie
ÇO dis rollãt eo sonaro loliphãt
Si loira çarlo chal port passãt
Eo ue ꝓmet chel tornara li frãch
Dis oliuer blasmo aueri molt grãt
E reproçer uostri mior parãt
E questa onta ne durara lõgamãt
Quãd uel dis no uolis far niãt
Seuos corneç no sera ardimãt
Che uos aueç tot le braç sãglãt
Fato no culp grãt ço respõd rollãt
DIst Rollãt molt e fera nostra bataie
Eo cornaro siloira çarlo el maine
Dist Oliuer uu naueri grã blasme
E reproçer uostro maior lignaçe
Quãd eo uel dis soner noue dignase
Se le roi li fust no auresme daumaie
Se uos corneç noue sera uasalaçe
Ꝑ questa mã eꝑ questa mia barbe

Seo podes ueder mia çēt sor alde M. 1722.
Vos nō çaseris çamai ī le soe braçe
OR dist rollāt Oliuer uer mi aui grāt ire
Dist Oliuer 9pagnō euos la forfaisse
Meio est seno cha ꝑ proeça çir a folie
Plu ual mesure che no fa stolticie
Frāçois sūt morti ꝑ uostra liçirie
Çamai roi çarle de nos no aura seruisie
Vostra proeça rollant mal la ueiste
No sera ma tel hom tresqȝ al di del çuisie
Vos moriri frāça romā onie
Ancho ne falla sta lial 9pagnie
Ꝑ grā dolor anchoi sera departie
Se mauis creçu vegnu seraue mō sire
Çesta bataille ça seraue partie
O pres o mort seraue li roi Maʳsilie
Ma lun ꝑ laltro si plura et si sospire
LArciuesqȝ si lolde 9trarier
Al plu tosto chel 9tra lor sen uen
Tant dolce mēt li prese acastier
Sire rollād & uusire oliuer
Por deo uos p̄go che no ue corucer
Veez uostro frāçois che son tuti amort çuçer
Çali corner no ual quatro diner
Çarlo elūçi sie tardi comēçer
Mais āꝑço sie meio asoner
Vegnira li roi si ne pora uēçer
Çaqui despagna nō adara aller
Trouara emorti & detrēçer
Si recoira nostri bugi enostri cef
Leuara nu īsei çētil somer
Plāçera nu ꝑ dol & por peçer 78b.
Nō māçara ursi ne lion ne çinoler
Respont rollāt sire dites como ber

M. 1753. SIre rollãt ꝑ ço sone li corno
Si loira çarles chi est passe al port
Siretornara asoa merauelos ost
E qui de frãça pora uẽçer li nost
Che qui despagna ĩ bataílla auera mort
Insenbla lor poi portara i corp nost
Nõ mãçara ursi ne lion ne porci
Respõd rollãt oraui dit çẽtil mot
ROllãt a messo lolĩfant asa boçe
Inpinçil ben ꝑ grã uertu lo toce
Grãd qũides leugue lauox 9tra respõde
Çarlo lolde & ses 9pagnõ stretute
Ço dis li roi bataílla fa nostri home
Et Gainelõ respõde alo in9ter
Se un altro lo disesse el sẽblaria mẽçogne
LI cõt rollãt ꝑ poi eꝑachãt
Et ꝑ dolor si sona lilifant
Perme la gole li sai for lisãge
Desoe ceruelle seua lo tẽpan rõpãt
Del corno chel sona elauoxe molt grãt
Çarlo loldi che al port passãt
Naimes li dux estratut li fiãt
Ço dis li roi eoldo li corno rollãt
El no cornaraue sil no fust 9batãt
Gaino respõt de bataílla e niãt
Ça si uos çanu & aui tut lo pel blãch
Por tel parole dir nu resẽbla unfãt
No conosi uu largoi de Rollãt
Li fort elpro merauellos elgrãt
Anche m'ueille che deo le sofris tãt
Çapresel noble sẽça nost comãt
Fora uisi Saraçĩ chera dauãt
Li 9bate albon cont Rollãt
Rollãt ĩacis cũ Duridarda elbrãt
Soto el cel no e çẽt chi olsasse durer auãt

Ꝑ una levorxella va tut li çorno cornāt M. 1780.
Cū li frāçois sen ua ore gaband
Ber Çarlo çiualça no ale demorāt
Terter & mōt si alerō passāt
LI cōt rollāt a soa boça sāglēt
De soe ceruelle li son rōpu li tēp
Sona li corno a dolo & a tormāt
Çarlo lolde e frāçois lo ītēdāt
De dis li roi quel corno a lōgo torm̄to
Ço dis dux .Nay. saraçī lofa dolēt
Quest fol gaino lossa & siuē cuita oftēt
Adobez ue tost si crie uestre ensigne
Secoreç uostra masnea çēt 78^{c}.
Asez oldi che rollāt se demēt
LI ēperer fa soner son corno
Frāçois descēdēt si adoba sō cors
Duberg & delmi & despee a dorṡ
Escuz ad arçāt espleç grāt & fort
Indestrer mōt tuti barō delost
Broça auāt tāt cū dural port
El noie quel chī uer laltro nō parlot
Che nu uedes rollāt ançi chel fosse mort
Apres lu ferir auemo grā colp
Deo or che ualt chi tardauano trop
DEcline est li uespro eliçor
Cōt^{w} lo sol relux qui elmi ador
Oberg & elmi li rende grā flābor
E quilli scuz che ben son pīti aflor
E quilli splez & qui orij 9falō
Li enperer ciualça ꝑ eror
E li frāçois dolent & coroços
El noie quel che dura māt nō plor
Che de rollāt sia molt grā paor
LI rois fa prēdre li cōt Gainelō
Si lo comāda alquāti de soa masō

M. 1818. Tut ĩ primer [1] si apella begõ
Ben me gardez questo traito fellõ
Che de ma masnea a fait traisõ
Celu loguarda asi cẽto 9pagnõ
De la cuxina di plu meltri che iesõ
E quilli li pela la barba eligrignõ
Çascũ li dona quatro colpi deses põ
Forte lobate a fusti & abastõ
Al col li metẽt un grãt caenõ
E silin catena cũ fos un leon
Sor un somer li mis adesenõ
Tãto lo garda chi lo rẽda a çarlõ
PEr grãt iror ciualça K. elmaine
Broçẽt auãt tuto lo bernaço de frãçe
El noie quil che dura m̃te nõ plãçe
Quãd il renẽbre de rollãt li çataine
Quil se 9bata saraçĩ despagne
Morti sũt ses home mort seno sexãte
Aseç est fol qui milior li demãde
ÇArlo ciualça tãt quãt el porto dure
Esi demena tel dol otel rancure
Ço dit li roi scã Maria aiue
Per gaino grã pene mest cresue
Inlaueire geste est mis ĩ scriture
Ses ãtesur firẽt ĩgresme fellune
E fellonie tutor aue ĩ costume
In capitoille de rome çãfe une
78 d. Iullio çesar onçient il ꝑ ordre
Pois oit il maluas sepolture
Chi ĩ fogo ardẽt & ãgosos mis fure
A cest fel traitre ala soa natura
Ali traitur malmo lassa sedure
Rollãt açuçe emia est 9fũdue
E la corone del cef ma tollue

1) a, das auf primer folgte, ist wieder durchgestrichen.

Ꝑ chr̃s niert frãçe defendue M. 1851.
Plura de ses oilz tira sa barbe çanue
Dient frãçois dolẽt per que nasume
Broçẽt auãt tãt quãt elpore
Il ni ait cil qui lait rene tenue
Ainz che la çẽt de frãça soit uenu
Oit rollãt sa bataie uẽcue
Marsilio & soa çẽt mis ĩ fue
ROllãt regarda li poi & li laris
Decil de frãça uid tãti morti çasire
Et il li plãçe cũ çiualer çẽtils
Segnur barõ deo odenos molt amis
Ꝑ nos ait çarlo ses grãt regni 9quis
In null̃e t're mior uasal nõ uis
Bõ çiualer tãt iors mauez seruis
Por mõ amor nos nez cresut moris
Eo no uepos aider ne garẽtis
Deus uos ait chi unches nõ mẽtis
Oliuer frer auos no do ñ tirs
De dol morai si altres no mãçis
Sire 9pagnõ allũmes aferirs
LI cõt rollãt oliuer en apelle
Vne raixõ lia dit ẽmbre
Insẽble frãs douẽ morir bel fre
Pur nost͛o amor ĩ spagna i sont ĩtre
In sõ uiages ala talor mue
Por catre foi oit mõ ioie crie
Tint lolifãt si sonẽt la mene
Pũç lor ciuals tut une rãdone
Si uait aferir desestrẽcẽt spe
Li cõt rollãt ẽ ĩ lo cãp reparie
Fer de soa spea como uasal eber
Falsiro oit ꝑmite trẽçer
Pois oit ãcis uĩtiquatro escher
Nioit paĩs chalu olsi aprosmer

1874. Sicū li cerf senfuit dauāti li chaçer
Ḍauāt rollāt sen fuēt paenr
Dist larciuesqȥ assez fạites cheber
Tel uallor deit auer ciualer
Che armes porte eseit sor bō destrer
In bataila detel estre fort & fer
Senc nen fait ne ualt quatre diner
De uēgne moines eītre ī monaster
79ª. Si pregi deus tot dis por cristier
De dist rollāt ferez ne nul esparm^{i}er
A cest mot lont frāçois comēçer
HOmo qui soit che no auroit ꝑson
In batailla fait grāt defension
Por çe son frāchi fer come lion
E uos Ma^{w}silie aguisa de barō
Seit ī ciuals como apella gascō
Plus est isnel che nō est un falchō
Broçal li ben siuait a ferir begon
Il fu dux de belne ede donion
Liscu li frāç & luberg li derō
Al cors lemist lesbande el 9falō
Plena ses aste labat mort des arçō
Pois oit oncis yuorie & yuō
Insēble ot els Girart de rusilō
Li cons rollāt neli ert gaires lon
Dist al pain domenedeo mal te don
A si grāt tort onçis mō 9pagnō
Colp nauera ançi che de parton
E de ma spea euos dira linon
Vait la ferir come uasal prodon
Trēce li cors li destre pon
La teste prend de corsaleus li blon
E çil fu filz al roi Ma^{w}silion
Pain escrie aia nos Machō
Aisire deus nos uēceç de çarlō

In tot spagne noit un tel felō M. 1
Ça ꝑ morir ces[1]) cāp nō garpirō
Dist luns alautre ꝑ quī ne nos allō
A cest mot tel .XX. M. sen uon
Quilchi li clames cil ne retornirō
LI roi Ma^{r}silio li pūg destre oit ꝑdu
In 9tre terre pois gete son escu
Li ciuals broçe de ses sperō agu
Laseit sa reine u's enspagna senfu
E tels .XX. M. senuōt drelu
Nioit cels altors ni soit feru
Dist luns alautre ne cef çarlo na uēcu
DEs orche ual sel senfuit Ma^{r}silie
Remes i est son oncle Lalgalifrie
Cil tēt cartaine al u'ne egaliçe
Etiope une t're maledite
Lanoire gēt lait ī soa bailie
Ancor il noit plus de .LX. mille
Cist ciualcēt fieremt agrāt ire
Criēt mō çoie lī signa[2]) paganie
Deo dist rollāt or uent nostre martire
Or sai ben no douō gaires uiure
Mais tut sia fel chī ṕma no sen uēçe
Ferez frāçois des espee forbie 79^{b}.
Si esclarez uos talēt & uestre ire
Cū ī cest cāp uendrait çarlo mō sire
E de paiēs uerat tel desipline
Por un de nos en trouarat ben XV
No laxaroit che de nu ben nō die
MAnt rollāt uid la 9^{r}dite çet
Che sūt plus noire que nō est arrañt
Il nōt de blācho ne mais que sol li dent

1) c von später hand über der zeile nachgetragen.

2) Auf g folgt ein ansatz zu n, dessen erster strich aber nur ausgeführt ist, darüber steht a.

1935. Deo dist li cōt orsaie uoiramēt
Que nus morū āchoi ꝑ lomenesiēt
Mais sait tot fel que primer nō sēuēt
Sconeç me frāchi que eo le uos comēt
Dist Oliuer deus ait les plu lent
QVād paiens uirēt che frāçois iapos
Intromenēt orgoil & 9fors
Dist luns alautre que līperer ot tors
Li algalifres seit sor un ciual sors
Brōçet lo bien de sessperōs adors
Si uait a ferir Oliuer derer el dos
Li brās oberg liait frait edesclos
Ꝑ me lipiç son espleuç li mist fors
Apres li dist pris aueç mortel colps
Çarlo de frāçe mal uos laseç al pors
QVād Oliuer se sent a mort feru
De sei uēçer tarder nosse uol plu
Tenti altaclera li bon brād daçer bru
Fiert lalgalifre ī lelmes cler agu
Peres eflor il na ius abatu
Trēçēt la testa ītresqȥ alden menu
Et a cest colp si la mort abatu
Apres li dist paiēs mal agestu
No ten uātarai al roiam don tu fu
Valissāt un diner que tu maies tollu
Ne feit domaies demie ni daltru
Pois si reclame rollāt cheles aiu
QVāt Oliuer se sent a mort īaure
De si uēçer no se uols tarder
Ten altaclera dūt ert brū li açer
Ī la grāt presse or fiert cōmo ber
Chialu veist saraçin detrēçer
Lun mort sor lautre uer tere trabuçer
De bon uasal li poist rem̄brer
Laīsegna .K'o. ne uolt mie oblier

E si reclame rollãt qui les aiu M. 2044.
Ai çẽtil cõt uailãt uasal estu
Onques nul hõ ert paur o tu fu
Jeo sui Gauter qui 9quist mallegu
Li nef doron li uielz eli çanu
Por uassalace sel oit estre ton dru
A saraçĩs mesui tãt 9batu
Ma aste fraite efrosseç mõ escu
E mõ uberg desmaliez erõpu
Ꝑ me li cors de lãçe son feru
Sẽpre me moro ma çer li ouẽdu
A cest mot rollãt li oit achoneu
Li ciual broça uait corãd uer lu
SIre Gauter ço dist li cõt Rollãt
Bataille ai faite ꝑ lo menesiãt
Vos deueç estre vasal & cõbatãt
Mille ch'r ne menaistes vaillãt
Liera moi per ço le uos demãt
Rendez li a moi che besõg ma grãt
Respõd .Gaut'. nẽ uereç mais hõ uiuãt
Laseç les ai ĩ lo doloros cãp
De saraçĩs nu trouames tãt
Turs & ermines chanine e ꝑsãt
De çil de bede li meltre 9batãt
Sor lor ciuals erabiç & corãt
Une bataille auũ faite si grãt
Ni oit paiẽs que deuer nos sẽuãt
Sexanta mille en remist mort sãglãt
Illuc auõs ꝑduç trestut nos frãch
Vençeç somes as nos açarin brãt
De mõ uberg nẽ son rõpu le mãt
Plaies ai mortel al costeç et aleflãt
Da totes ꝑt mes foris li cler sant
Stretut li cors mena ĩflebiãt
Sẽpre me moto ꝑ lo menesiant

M. 2056. Jeo sui uestre home si uos tīt a garāt
Nen men blasmeç sege men uei fuiāt
Ne farei mie co dist li cōt rollāt
Mes oima ieç atot uestre uiuāt

80ª. ROllāt oit dol siert molt tolētis
In la grāt p̄sse comceit aferis
De çil despagne na çete mort ius
E Gauter septe & larciuesqȝ çins
Dient pain fellō home açis
Tāt nos fait nē doite magaris
Tot sia fel que ne li uait asalirs
Recreāt est que neli ua īuairis
Donc est comēçe & li dol & li cris
Datotes part lont paīs assalirs
Or les ait deo qui onques nō n̄.tirs

LI cons Rollāt est molt ardiç & fer
Gauter leon est molt bon ciualer
E larciuesqȝ ert pro & īsener
Lūs neuolt lautre ne gerpir ne lasser
Ꝑ grāt uertu iassaliēt ascher
Mil saraçīs en desendēt apier
E aciuals en[1]) est quatro miller
Lançēt lor lāces elor trēcēt espler
Çiures & dardi emuseraç enpener
A cest colp ia morto Gauter
Trepin de reins ason escu briser
Frait oit son elmes sil est ilcef naurer
E son uberg eroto de desmaier
Ꝑ me li cors feru de quatre espler
E desot lui getēt mort son destrer
Oi qual dol quāt larciuesqȝ chaer
Or les ai li glorios del cel

TRepins dereine quāt sesēt chaus
De quatro espleç ꝑme li cors ferus

1) en am rande nachgetragen.

Isnellamēt li ber resalt sus M. 2085.
Rollāt regarde sili oit reconeus
E dist un mot nesui mie uēcus
Ja bon uasal ne deit eser recreus
Trait ait dalmuçe sa spea da cer brus
In la grāt presse .M. colps feri & plus
Ço dist rollāt nē uos esparmeç nesus
Tel quatro cēto īçeta mort ītor lus
Alquāt de cels qui nōt li cef albus
Ço dist la geste eçil qui il cāp fus
Li ber san Guielmo ꝑ cui deo fait u'tus
Cil fist lescrito ī lo munister da leūs
Quel 9tradist niait prōs ītendus
LI cōt Rollāt feremēt se 9bat
Malicors atrasuez degrāt caldo
Et ī la teste sioit doloros malt
Roto ali tēple pur ço chel sonat
Saner uolt se çarles rēuēdrat
Tint lolifāt flebelmēt li sonat
Līperer tut li escōtat
Deo dist li rois malamēt uos uat 80b.
Rollāt mō nef or ī cest iors nos folt
A son cors oi que gaires ne iunrat
Qui li uolt estre isnellamēt çiualt
Soneç uos grailes tāt chili nost uat
Sexāta millia encornēt si ī alt
Bruçēt li mōt & si retētis le ualt
Paiēs loirēt nia çils ni se smat
Dist luns alautre: K'o aurō nos at
DIent paies li ēperer reparie
De çil de frāça oldon cler le graile
Se çarlo uēt de nu ert grāt ꝑde
Se rollant uiue nostre guere nouelle
Ꝑdu auōs clere spagne la belle
Tel quatro cēt senadobēt īsenble

M. 2124. Totes lei melor que il cāp poit estre
A Rollāt feit un asalt fort & pesme
Orai deo li cōt īdreit molt ai que ferire
LI cōt Rollāt quāt eli uit uenirs
Tāt sefait proç & tāt sefa ardis
Cū fait el leons quāt emaltalētis
Anci li muroit que il uoile fuirs
Seit il çiuals cū clāma ualiātis
Ᵽ grāt īror stretuit lioit requis
Insemble oit ſui li arciuesqꝫ trepins
Dist luns alautre iosteç nos amis
De çils de frāçe poeç le grailes oirs
Çarle ciualçe li roi poestaris
LI cōt Rollāt mais no amo coardie
Ni malueis hō orgoilus ni gignart
Ne çiualer sel nen fust troi bon uasalt
Sire apieç estes cie sui açiualt
Por uostro [1]) amor si prēdrai estalt
Insēbre aurons eli ben & li malt
Ne uos lairai se mort nē nū part
Anci sauerai pain acest asalt
Li nō dalmuçe & çil de durīdart
Dis larciuesqꝫ fel soit chi uos faldrait
Apres de cest no aurō mais asalt
Çarles çiualçe qui ben nos secorat
DIent paiēs mal somes unques ne
Sipesime iors auomes oi aiorne
Perdu auōs noç amis & noç pere
Deçils de frāçe li cors oi mes clere
Grāt noise ioie de mō çoie criore
Çarlo reparie a soa grāt ost liberie
E rollāt est de molt male fate

---

1) Für das erste u war n geschrieben, dies ist unterpunktet und u von späterer hand darüber gesetzt.

Ianiert uēchu ꝑ nul' home çarnele M. 2153.
Lançon alui poi li lason estere
E çil lo firēt de dars de ziures ase
Espleuz & lāces muserath ēpene
Liscuz rollāt ont frait & frosse 80^{c}.
E son uberg rōpu & desmaille
Mais ī son cors ne lōt mie dane
Vailātig ont ī trēta leus īaure
E desoto lui pois lont mort iete
A cest mot paiens sen sōt torne
Rollāt li cōt est remis ape
PAiens sen fuēt molt esfreçemēt
Dist luns a lautre uēcu nos a rollāt
Li enperer reparie uoire māt
Oeç les grailles dela frāçesca çāt
Fiz est de mort qui ī cāp les atāt
Tāt çētil rois arenduç arecreāt
Jamais .M. denus nestra garāt
Ꝑdu auomes espagne lauaillāt
Se la mireç ꝑ nus nela fāt
PAiens sen fuiēt dolēt & abosme
Inuers espagne diēt del repariere
Li cōt rollāt nē poit mie īchalcire
Ꝑdu li alt uailātig son destrere
Volsist onō siest remis a pie
A larciuesqꝫ turpin cort adaide
Son elmo ador del cef liait delaçe
Pois liait trait son blans auberg safre
Vn son bliat de pailes adetrēçe
E denç ses plailles stroitamēt alige
Sor lerbe uerde soef loit acolçe
Pois li adit aluent uos refrede
Molt dolcemēt lo comēça aprege
Ai gētil hō car me doneç cōge
Nos 9pagni qui nos aucain tāt ce

M. 2179. Il sont mort ne li douō lasse
Eo uoi aler porquerir & por cercher
Qui dauāt nos emetre & acolce
Dist larciuesqȝ alleç & si reparie
Cest cāp ert nost la merce dede
ROllāt sen torne ꝑlicāp tut' sol
Çerche li uales & si cerche li mon
Si oit troue yuoires & yuon
Trouēt Gerin Gerer ses 9pagnō
Siait troue Inciler li gascō
Pois oit troue Berēçer & Astolf
Siait troue anseis e sansō
Insēble cels Girad da rusilō
Pois les ēporta .IIII. & un barō
Iusqȝ trepin liest venu īcōton
Li arciuesqȝ nī poit muer nō plor
Leueit sa man fait sa benediciō
Apres lidist si mar fustes barō
Totes uos arme abia deo glorios
80d. In paradis li mete ī scō flors
La mia mort molt mest āgosos
Çamai ne ueera çarles .līperaors
LI cōt rollāt uait li cāp recercher
Desot un pin efoluç eramer.
Sioit troue ses 9pagnō Oliuer [1])
Intre ses braç soef loit ībracer
Auāt chel poit jusqȝ turpin sen ue
Sor un escu pres les altres lot colçer
Oi mais comçe li dol eli peçer

1) Nun folgen im manuscript drei verse, die, wie durch »vacat« von anderer hand angedeutet ist, nicht in diese tirade gehören:

Alquāt de cels qui nōt li cef albus
Ço dist la geste eçil qui il cāp fus
Li ber san Guielmo ꝑ cui deo fait u'tus.

Ço dist rollāt bel 9pagnō Oliuer M. 2207.
Vos fustes filz al pro cōt Rainer
Ch'r tīt la marche de çeneura sor lamer
Por aste frāçer & por scu peçoier
E ꝑ uberg rōper & desmaier
E ꝑ frās hō tenir & 9sciler
In nulle terre nefu tel çiualer
Rollāt ueit mort ses 9pag & ses per
De dol quiloit si comēçe aplurer
In son uisaçe il est discolorer
Nō poit muer aterra cai pasmer
Dist larciuesqȝ tā mar fustes nos ber

LI arciuesqȝ quāt uit pasme rollāt
Donc oit tel dol unques ne noit si grāt
Il tent ses man sioit pris lolifāt
In rōciuals aune aigue corāt
Aler li uolt por doner boir a rollāt
Tant ses força quil se mist īestāt
Molt petit pas se trainent ꝑ li cāp
Neoit uertu tāt oit ꝑdu del sang
Ainz quil alast un arpāt del çapt
I falt licors siest çau auāt
Lasue mort liuait molt āgosāt
Larme sen part que.nioit plus del tāp
Deus en laporte il sen sant abraā

LI cōt rollāt reueīt de pasmeson
Sor lerbe uerde 9tra ses 9pagnō
Laueit çasir li nobele barō
Iontes ses mais ābe dos 9tremon
Si preit deus che paradis lidon
Mort est turpin īservixio de çarlō
Ꝑ grāt batailes & ꝑ gent ꝓmon
9tra paiēs tut tēps fu fer hō
Deus liotrio esaint benedicion

M. 2246. QVādo rollāt uid larciuesqȝ mort
Senz Oliuer mie mais not si grāt dol
E dist un mot qui destrēçe li cort
81ª. Çarle de frāça çiualçe cū il pot
In rōciuals daumāçe iait des not
Lireis Ma^{w}silio asa iat ꝑdu desot
Cōtra un des nos ben .XL. mort
QVād uid rollāt larciuesqȝ alatere
Fors de son cors uid gessir labuelle
E desor la frōt uit bullir laceruelle
Desur ses piç entre les dous man^{m}elle
Vit tenir iunt ābe dos ses mā belle
Si dolce mēte lo comēcete aplādre
Ai gētils hō uasal de bō aire
Vmels & daulç glorios celeste
Jameis ne ert hō plus uolūter teꝓue
Dales apostoli nefu meis tel ꝓfete
Pur lei tenir pur crestiēte atraire
Inlatue arme nai duol ne sofreite
De paradis teseit le porte auerte
QVād rollāt uit chela mort mol lapresse
Ꝑ les aureilles lisalt fors laceruelle
Sēpres se comāde adeu patre celeste
E ses meessme a lāgle Gabrielle
Tint lolifāt che reproçe nō sie
E durīdal saspee ī laltre maine
Plu car balleste nō poit trair un carelle
Deuers despagne sen uait en ū gariete
Amōt un poi desuç dons arbes belle
Quatre perons ia de mabre fiere
Sor lerba uerde laest colçe tot dreit
Sise pasmet che sa fin liapresse
ALti son li poi & molt son grāde liabre
Quatre perō iait luxāt de marbre
Sor lerba uerde li cons rollāt se pasme

*Un saracī tutes or lu regarde M. 2274.
Ilse fait mort si ças ītre lialtre
Sāglēt auait son cors & son uisaçe
Grāt est & fort siait grāt uasalaçe
Por son orgoil si pēsoit mortel raçe
Inpeç se driçe delcorer si saaste
A rollāt sasist & son cors & ses arme
E dist un mot uēcu est li nef çarle
E ceste spee laportarai enrabie
Prist ella ī ses pūg arollāt tira sa barbe
Da pasmason li cōt rollāt reparie
ROllāt sētīt chesa spea liest tolt
Aures les oilz silia dit un mot
Menesiāt tu nes mie des not
Tint lolifāt unques ꝑder nel uolt
Desor li elme li donet un tel colp
Froisseç la teste li ceruel & les os
Ambe dos les oilz del cef li bute fors
Deuāt ses peiz chi listra torne ·mors 81b.
Apres li dist culuer cū fustes siols
Qui me sasis adrit ne atort
Neloldira hō dir none tegna ꝑ fol
Fenduç enest li c"istal & lesos
QVād uit rollāt chela mort fort largue
Sor pieç se driçe quāt il poit seu'tue
Deson uisaçe ala collor ꝑdue
Tint durīdarda saspee tote nue
De dauāti lui aune pire brune
Douls culs ilfert ꝑ dol & ꝑ rācure
Deus dist li cōt scē Marie aiue
Ay durīdar desi bō açer fusse
Quāt me ꝑt de uos nenais mais cure
Tantes batailes çāpalles enai uēcue
E tātes teres ꝑ uos ai 9batue
Che çarles tint ala barbe çanue

2309. Hom chi te porti ꝑ altres nō fue
A mō uiuāt no me fustes tollue
Tant bō uasals tot tēp uos atenue
Janiert mais tel ī frāçe la selue
ROllāt ifert alperō de sardegne
Etoleit lacer ne brisi ne no graine
Quāt uid li cōt nela poit mie frādre
Si dolcemēt la com̄çoit aplādre
Ay durīdar cues clere & blāce
Contra sol cil sirelust & reflābe
Quāt K'o. stolit ī lauals de muraine
Deus dal cel la tramist ꝑ un āgle
Donet laspea ad un cōt çatanie
Denet la mei li bon roi .K. elmaine
Eoli 9quis & proēçe & Geraine
Sili 9quis pōto & alamaine
E lōbardie & trestote romaine
Melf & palermes obrie & ormuraine
Sili 9quis ysorie & Irlande
E īgeltere sinoples & Garmaise
Sili 9quis pallune & Nauare
Pois li 9quis la grāçite delaçare
Sili 9quis tot sansogne la larçe
Costātinople quil tīt en sō damage
E normādie & trestute bulgraçe
Trebut li māde babilonie & alexādre
Tire & sidonie indes & damiaçe
Dal roi de meche liuiēt li trauage
Conauis & naypain ꝑ tere strāçe
Por cestespee ait grāt dol & pesançe
Mielz uoil morir che tre pains remagne
Deus glorios nolasser oni frāçe
ROllāt enfiert aune piere bixe
81c. Ços ēnabat quāt il noit prise
Laspea ert bone ne fraite ne malmise

Incōt^{w} lo cel amōt ert resallie M. 2341.
Quād li cons nela po frāçer mie
Molt doucemēt ildist alu meisme
Ay durīdar cūes bona & sātisme
In lorie pom aseç oit de reliquie
Undēt sant pere del sāt baxillie
E des çauels mō signor saīt donixe
Des uestimēt scē Marie uirgine
Isnest droit che paīes tabie mie
De cristiēs deit estre in deliure
In dolce frāce enait feit grā ꝓuise
Tantes batailes çāples enai finie
E tātes teres ꝑ força nai 9quise
Che .K. teit ala barbe florie
Li ēperer en est & ber & riçe
Hom qui te porti nō face coardie
Deus no lasser che frāça seit onie
QVāt rollāt uid che la mort lētroprāt
Ius dela testa sur li cors li desāt
Desuz un pin est aleç corāt
Sur lerbe uerde sise colçe cassāt
Desor lui se mist saspea & lolifāt
Tornet son cef uers espagne la grāt
Che çarlo die estrote sa çāt
Li gentils cās quil seit mort 9batāt
Ilbat soa colpe si trait deus agarāt
Por ses pecieç uer deus tend ses māt
QVāt uid rollāt deso tēp nia plu
De uers espagne cist ī un poi agu
A son pūg destre ait ses pieç batu
Deus miserere ꝑ la toa uertu
De mes peçieç de grā & de menu
Che eo ai fait des ore que neç fu
Jusqȝ ces iors que ci sui 9seu
Son destre mās uers deus atēdu

.2374. Langle de cel est alui descendu
LI cõt rollãt se cist desot un pin
De tãtes çoses a rem̃bre li prist
De frãça dolçe & des homes deson loy
E de ses oncle .Ka. maine chel nori
De frãçeis dond il estesfi
Nẽ ꝑoit muer nẽ plur & nẽ sospir
Mais si meesme nẽ uolt metre ĩ oblie
Clameit sa colpe preioit deo merci
Vere pater ne que unque no n̄ ti
Sãto laçarõ da mort resurexi
Li trois enfãt qui el fog furẽt mi
Scẽ Marie ses pecie demeti
81d. Enz en la croice ꝑ nos uolis mori
Alterço iors resusitas tot ui
Gardeç melarme che nõ seit ĩpeie
Por ses pecieç che en sa uie fi
Son destre grãt uers deu enprist ofri
Desuç son braç el tĩt son elme enclin
Iontes ses mais est alle sa fin
Deus li tramist li ãgle cherubin
E sãto Michael dela mere del perĩ
Insẽble cels saint Gabriel li uin
Larme del cõt enport en paradis
MOrt est rollãt deus enait larme ĩ cel
Li ẽperer est alcãp reparier
Il no li troue ne uia ni sẽter
Ne tãt de tere che soit un plen pie mesurer
Quil nilicist pains o cristier
Çarles escrie o estes bel ner
O est larcuiesqȝ & li dux oliuer
Yue & yuorie astof & berẽçer
O est incelin & ses 9pãg ençeler
Quest deuenu del uescõt ĩçerer
Sansõ li dux & anseis li fer

O est Girart de rusilō liber M. 2409.
Li doç piers que ie aueit çi laser
Deus dist li rois cū eo pos īraçer
Quāt çi nō fu acest stormē con̄çer
Tire sa barbe cū hō qui est irer
Plure des oilz & ses frāchi çiualer
En9tre tere enpasme .XX. miller
SIre ēperer dis .Nay. li pros
Oi dir deus fait ꝑ uos u'tos
Car repreieit le pere glorios
Chel ne feis tāt alōger li iors
Che nus uēçames çest fiere dolors
Volūter sire li ēperer respos
Sant per sire cui deus de tāt amors
Cōtes mei drotures & onors
Ay deus ꝑ ton sātisme noms
Que ī lauergen presis anūciases
E ī betanie susitas laçarōs
E dō saite peire metis enprez nerons
E 9u'ṭis saīt paul ses 9pagnōs
E daniel garētais del leons
E dō Jonas del uētre del pesons
Filz isrl'. de mā de faraons
Santa susāna saluas del fals nōs
Litres enfāt del plus ardēt callors
Vargasti la mer aguisa de peons
Que nō auis ni barçe ni dormōs
Si uoire mēt cū sis tot li mōs
Si me fesis tāt aleuger çest iors 82ª.
Que ie uēiast cest fer dolors
NOç ēperer est desenduç ape
Colçeit se atera si comēçe adore
Voire ꝓpice digne iustisie
Si uoiren̄t cū tu fus deus & e
Pressis na souçe sant iors de nae

2418. Dont tuta la çēt en furēt alegre
Senz rois erodes qui fu molt 9triste
Stretut li pueri il fist li cef trēçe
Si me fesis tāt çest iors alōge
Queo uēiast rollāt & oliue
Las sel nil faistes mais uiure ni reque
Naimes li dux nait molt grāt piece
ILloes ni oit ciualer ni batur
Che de pieçe durem̄t nō plur
Plādēt lor filz lor frer & neuolur
E lor amis elor gētil segnur
In9tre tere se pasmēt li plusur
Naimes li dux de ço fist cū prur
Trestut primiers dist alīpereur
Gardeç amōt ados leuis delur
Veeç poeçe li grāt çamī puldrur
Aseç iesont dela çēt pagenor
Bier çeualcez uēgiez cest dolor
Volūter sire ço respon līpereor
LI rois comāda Geboin & Oton
Tibaut luerēt & li Marchis Odon
Gardez li cāp & li uas & li mon
E tot li morti si cū illi son
Que el niliait ne beste ni leon
Ne uilialt escurer ni garçō
Defendeç li que uilialt malun
Jusqȝ deus uolt chī cest cāp reparīō
Çil respōt adeu benicion
Bel sire·rois isi nus firon
Mil ciualer nūt receuu delun
NOç enperer feit ses grailes soner
Pois si ciualça asa grāt ost liber
De çil despagne ont les cobles trouer
Tent les encalç tot sūt comuner
Quāt li rois ueit li uespre decliner

Baise la terre comoieeit deu a p̄ier M. 2448.
Que lisol çil face ꝑ lui oster
La noit tarçe & li iors alōger
A lui ueīt langle ꝗ li soleit parler
Isnellamēt silioit comāde
Çarle ciualçe car noie falt clarter
POr çarle maine fist deus u'tu grāt
Quāt li soleil est remis ī estant
La noit taiçe eli iors alumināt 82b.
Bien quatre lieues est çil iors plu grāt
Pains sen fuiēt bien les encalçēt li frāt
Enual tenebre les enuōt aleiant
Vers saragoçe les enmenēt firant
Al colps pleners tot les nō detrēçēt
Tellur les uies & les çamīs plus grāt
Laigue de del seibre lur staīt dauāt
Molt est ꝑfūde m'ueilos & corāt
Paiens ne ont barçe ne çalāt
Que ne seit prise tolçe & quastāt
Tuit reclamarēt alor deu triuigāt
Oi apolin uos nesieç aidāt
Macomet sire oi nos siez garāt
Pois sallēt enz mais ne ot reclamāt
Liadobeç en sont le plus pessāt
Enuers la riue sen traēt lialçāt
Paiens enuōt a ꝑdicion grāt
El ni oit cels nenaie beuz tāt
Negeç insōt ai meruelus ahant
Dient frāçois mal ueistes rollāt
QVāt carllo uit che morūt paiēs
Alquāt ocis eli plusur niens
Grāt ioie noit ses barōs cristiēs
Li çētil rois est desenduç apiens
Colceit atere deus noit regraciēs
Quāt se redriçe si comēça aparlēs

2482. Dist ases homes il est tēps da berçais
In rōciuals tardi est de repariēs
Nostre ciuals sūt lais & desuens
Tolçe le selles & delieç cef li frens
Per tut ces preç li lason refredēs
Frāçois respont sire molt dit biens
LI enperer en na pris son herberge
Frāçois descēdēt entre seybre e ualt'ne
A lor ciuals si sūt tolu li selle
Li frēs ador li met ius dele teste
Paistre le laisēt aseç oit freis herbe
Daltre coreit nili poent plus feire
Cil sūt lais molt si dormūt 9tra tere
In celle noit nuls īguaite losseme
EN un preç se colçeit nostre ēperer
Son grāt escuz mist a son cef liber
In celle noit no se uolt desarmer
Ainz oit uestuz un blās auberg safrer
Lacēt son elme qui est ador çeme^{w}
Çint ait çouse unques nē fu saper
En çascūs iors uieni .XXX. clarter
Aseç oistes de la lançe parler
Dont nostro scire fu ī la croiç naure
82^{c}. Çarle enoit lonor lam'ce der
In lorie pom ben lafist saieller
Porcest onor & ꝑecest bonter
Li nom çuiose la spee fist clamer
Ço ert soe insigne en bataile çāpler
Pur ço nē poent nulle çēt 9traster
CLers est la noit & laluine lusāt
Çarle se çist mais dol oit de rollāt
E doliuers li pesait molt fort māt
De doçes peres dela frācesca çāt
Quē rōciuals laisēt mort sāglāt
Nen poit muer nē plur & nē demāt

E preit deus quē paradis limetāt M. 2518.
Lais est li rois que la peine est grāt
Endormir sest nepot mais en auāt
Ꝑ tut les preç euōt dormir li fṛāt
Ni oit ciuals que poit estre enestāt
Çels qui nōt lerba sila prēde ençeissāt
Molt ai bien pris ereconuç achāt

CArlo se dorme cū hō qui est trauailer
Sāt Gabriel li ait deus enuoier
Li enperer comēçeit aparler
Li angel estoit tote noit a son cef
Ꝑ uision lioit anūcier
Vne bataille que īuers lui feit er
Significāce[1]) li demestre molt graer
Çarles regarde amōt enuers lo cel
Vit les oraçes li troner uētoier
Li cel se fende mereueils tēper
Effu efflābe liest apareiller
Isnelle mēt sur tote sa gēt cer
Ardēt celastes de fraine & de pomer
E cels escuz & les borcles dormer
E cels oberg & cels elmes gemer
Molt grāt dolor oit de çeualer
Urs liopard pois leuoleit māçer
Serpēs e biures dragōs e au'ser
Griffō & aigle iot .XXX. miller
Ilnioit cils afrāceis nese ioster
E franch crient carlo maine aider
Lienperer enoit edols epeçer
Aler iuolt mais il est īgōbrer
Deuers un gald uo grāt leon neuer
Molt pere est peseme orgoillus efier
Son cors meisme ilasalt ereq̣er

1) gni an der seite nachgetragen.

M. 2552. Prēt se asbraç ambe duis pa^{r} elegetier
Mais hō ne seit calabat ecalchier
Liēperer ne sest mie esueiler
APres uisait un altre uision
Quil ert ī frāçe adasia ason peron
82^{d}. Indos chaeines sitenoit un bremō
Deuers ardēne seuit uenir .XXX. urson
Çaschū parleit altresi come hō
Cil dient alreis sire rendeç li non
El no est droit qui remagne ot uos
Nostre parēt douō estre secors
Desuç paleis uit un uētre recors
Entres le altres asalit les g^{r}gnors
Lauit li reis molt m'uelus estors
Mais il ne seit cals nabat ne cals nos
Li āgle deus ministreit albarōs
Dune bataille que ert feit enuers lors
Dormir lu fait la noit entreseqz ali iors
LIreis Ma^{r}silio sen fuit en saragoçe
Sot un oliue est desenduç alōbre
Sise deslaçe eson elme esa broine
Sor lerba uerde molt liademēte[1]) sacolçe
La destra mā elapdue tute
E tuto lobraço tresquia la forcheure
Del sāgue che nesse sise pasme & āgose
Dauāti lui si se plure braimōde
Crie molt fort eduremēte dolose
Ensēbla oit lei plu de .XXX. M. home
Che tuti maldiēt çarlo de frāça dolçe
Adapolin senuent ī une grote
Tentēdēt lentere laidamēt losperone
Maluasio deo p che na fato tel onte

---

1) Ueber der zeile ist nach lia ein buchstabe nachgetragen, den ich für i lese; Oxf.: laidement.

Questo nostro roi ꝑ chelasas 9fūdre M. 2583.
Chi ben te ꝓue maluaxio loer li done
Poi sili tolle li crine & la corone
Silo desliga desot une colūne
Intro ses pieç ꝑ tera lo stratorne
A grā bastō lo bate elo desfroxe
E machometo en un fosse lo bute
Porci & cauai lu morde edesfolle
E triuigāt demene a grāt onte
DE spasmason ereuenu Ma[w]sillie
Fasse porter ī soe çābre uoltie
Tuto lo color atīte eremissie
E braimōde en plure laraine
Traçesse li cauil sise clama çatiue
Alta uoxe dolorosamēt crie
Hai saragoçe cū remā oi onie
De çētil rei che tauea ī bailie
Lo nostro deo sin fe fellonie
Que ī bataile questo meo signor fallie
Lia mire enfara coardie
Sel nose 9bat aquella çēt ardie
Chise fer ci noa cura de lor uie
Līpereor alabarba florie
Deuasallace atāt grāt estoltie 83[a].
Sel olde batailla no sen fuira [1]) mie
LI enperer ꝑ soa grāt poeste
Set ans tut plens ele īspagna este
Preso a çastelle & altre fermeçe
Li roi M[w]silio sina ꝑdu ase
Tut primeranͭt fa so breui saielle
In babilonia abalugāt a māde
Çoe lamirai deueilz antigete
Chin saragoça uegna alui aide

---

1) fuira sehr verloschen.

M. 2618. Sel no[1] fa el lasara sode
Sili riquirira scā cristiēte
Çoe lōgo tēpo sia molt demore
Māde asoa gēte de sexāta regne
Soi grā dormū elfa aparecle
E tute soe barçe enef & galle
Sor allexādre tot lo nauillio eapoeste
Ço fo ī maço el primer mese deste
Tut so nauillio ella ī mer çete
Tut le fa scriuer embreue recorde
Entra in mer comēça assigle
Trequie in . spagna nolu faldore
GRāt sont li ost dequella gēt au'se
Molt formet uage ꝑ lamer egou'ne
Enso ces malç ençes u'ges belle
Aseç lie carbōcles elāterne
Demeça noit parer getēt luxerne
Ꝑ ço qui ua en ꝑ lamer plubelle
Quād i ꝑuen ī spagna la grāt tere
Tut lo pallaxio enrelux & rescleire
Tresquia Ma[w]silio en uē la nouelle
GEnt paenor nouol ceser oncha
Esedemer entre ī laigua dolce
Passa manbre & si passa mābrosa
Parsebre amōt tut luna uia torna[1])
E trepassa orlin etrapassa esscoça
En son ces mal ençes u'ges lōga
Aseç lia lāterne & carboncla
De meça noit grāt clarte li dona
Quād uen li çorno eluen ī saragoça
CLer eliçorno & li sol ert luxāt
Liamira esse fora de son çalāt
In spainellū eluen fore arestāt

1) Die hs. liest tornç[a].

De sexāta roi apres liua sequāt M. 2649.
Cūti & dux nouesaidir quāt
Sot una oliua qui est īme lo cāpt
Sor lerba uerde ames un pallio blanch
Un fal destol iont mis dolifāt
Lialo sasis li pain balugāt
Trestuti li altri sōt remis īestāt
Li siri de lur p'mer parlo auant 83^{b}.
Li mei barō nori uos ai lōg tēpt
Çarlo li roi li ēperer de frāça
No demāçer see noli el comād
Por tota spagna guera nefa sigrāt
In dolce frāça lu uoi aler chirāt
No finarai çama amō uiuāt
Tresquia nolo mort uēcu orecreāt
Sus son çenocli feri de sō destro gāt
POis chela dit no uol mai demorer
No remaraue ꝑ tut lor desot cer
Que eo nol quera aciual oaper
E siapella du soi çiualer
Luns darifāt & laltro darier
Vu sij filz alroi Etroper
Que me messages me fari uolūter
E ue comādo chin saragoça aller
Al roi Ma^{w}silio da mia ꝑte nūcer
Cōtra frāçois lu son uignu aider
Seo li trouo molt grāt batailla erer
Seli porta quest guāt ador pleger
Al dextro pugno sili fai colçer
Poi li done quest bastō uer
Si uegna amoi a reconoser son frer
In fraça andaro ꝑ çarlo guirier
Se amia merçe nose colça ameper
E no gerpise la loi de cristier
Eo li toro la corona del cef . ∴

M. 2685. Pain respōt sire dites che ber
DIst balugāt car ciualçe barō
Lun porte lo gāto & laltre lo bastō
E li respōt sire ben lo faron
Tant çiualcēt chin seragoça fon
Passēt des portes trau'sa quatre pun
Quāt pueç alacite amun
Sus lo pallaxio che degrāt fremū
Asa iest dela gēt pagenū
Braiēt & cria & demena grāt dolun
Plançe soi dei triuigāt & Machō
Et apolim onde il mienenō
Dis lun alaltro çaitiui che firō
Soura nue mala 9fusion
Ꝑdu auemo lo rei Ma^{w}siliō
Noa uen mia decor salle on liblū
Trestuta spagne erendue açarlō
E li messaci sont desis alperon
Desende sot un ūbra dū oliue
LI dui saraçī ꝑle carne li prise
E li messaçes ꝑli mātel litire
Pois emūte sus lo pallaxio uoltie
83c. Quāt il entre ī la çābra perine
Vene alroi Ma^{w}silio salu li dixe
Quel maomet che uos ai ī bailie
Triuigāt & apolin nostre sire
Si salui li roi & Guardi laraine
Dis braimode uos dites grā follie
Questo nostro deo etuto recreētissime
Che ī rōciual maluasio uertu lifie
Nostri çiualer etuti uēcu isme
Quest meo signor enbataie fallie
Lo destro pūg aperdu nonamie
Sili trēça li cōt rollāt lo rice
Trestute spagne aura ça^{w}llo ī bailie

Que deuegnira de mi dolorosa çatiue M. 2722.
Lassa cheno o un cortel dont mācie
DIst Darien dama nō parler tāt
Messaçer semo alpain ballugāt
Alroi Maʷsilio eldis deser garāt
Si lenuia sto bastō & sto guāt
Asemble auemo quatro .M. çalāt
Esscipe ebuçe galee corāt
Dormū iest noneso dir quāt
Li omini est rice & possāt
In frāça ādara ꝑ çarllo 9quistāt
Render lo cuita o morto o recreāt
No finara çamai ason uiuāt
Dis briamonde no ādarai miga tāt
Presso de qui poi trouer li franch
In questo paese eleste set ant
Li ēperer eber & 9batāt
Meio uol morir que el fuga de cāp
So tol cel noe roi chel presij māt
Çarlo no dota hō che sia uiuāt
LAsez ester dis Maʷsilio li roi
Dis ai messaçi signur parle amei
Ça noeç uos che amort son destrei
Eo no o filz nefiles aueir
Vn nauea Rollāt lāçis arseir
Monsignor dites chel uegna amoi ueir
Qui tēt le glaues despagne tut endrei
Illa defende 9tra li frācei
Vers çaʷllo maino li donaro 9sei
Cōquis aura çuiose fina aun mei
De saragoça li claues li liurarei
Pro nauera ço li dites sel me crei
Dis li messaçi sire dites ueir
ÇO dis Maʷsilio çarles līperer
Mort a mes hoī & mie terre gaste

M. 2757. Emi cite fraites euilee
Desur scibre lost de frãça alberçee
83^d. De qui ala no e ma sete legue cōtee
A mō segnor dites ka soa oste amenee
Trouer les poit ĩ le nostre 9tree
Si ꝑ nos ert la bataille iustee
Ꝑ li frãçois no sera stratornee
De seragoça li claues oit deliuree
Li messaçer ambe dos li entēdee
Prēde li cōçe aquel mot sen sōt tornee
LI dui messaçes açiual sūt mōte
Isnellament siensi dela cite
A balugāt sūt uenu tut esfre
Dist lamire che aueç uos troue
Vent Ma^rsilio o eo uos ai māde
Dist li messaies el est a mort enaure
Lienperer fu er alport passe
En dolçe frāçe sen uol rēparie
Ꝑ grāt securte sefis scharagaite
Li cōt rollāt ie remes son ne
Et oliuer cū totes li doç be
De quij de frāça .XX. M. adobe
A li roi Ma^rsilio se 9bate libe
Il & rollāt sul cāp si sencōtre
De durīdarda un tel colp lidone
Lo destro braç del corp lia seure
So fio a mort qui tāt soleit ame
E tuti soi hoī & barō ciualce^r
Fugāt sen uēne che noli pote este
Li roi uos māda che uos lui secore
Quide uos clame despagna lo regne
E balugāt si com̃ça apense
Tel dol ella ꝑ poco quil nest desne
SIre amire ço dis darier
In rōciuals una bataia fuer

Mort lifu rollāt & oliuer M. 2792.
Li doç ber che ça^wllo auea tāto cer
Dequi de frāça .XX. M. adober
Li roi Ma^wsilio li pūg destro ꝑder
Li ēperer lia ase ī calçer
Desor lariua afrāçois alberçer
In questo paese nu sen tāt aprosmer
Se uu uolli lo repair el ne grer
E balugāt lo regarda nafer
Del faldestro sise redriça sor per
En son uisaço enfu ioius eler
Apres escrie barrō no ue tarder
Ensi de nef mōte si ciualcer
Sel no senfuçe ça^wllo maino lo uoi
Li roi Ma^wsilio ancho sera uēçer
ꝑ so pūg destro li liuraro lo cef
PAin derabie enfora denef ensu
Sie mōte aciual & amu 84ª.
Si ciualcerēt feremēt cū apu
Liamire mōta desor un destrer bru
E si apella Gemalfin un son dru
Eo ue comādo tuta mia ost cūdu
Insēbla lui de soa masnea tridu
Tāt çiuualcēt chen seragoça fu
Ad un perō de marmore en desendu
E quatro cēt listreue lia tenu
ꝑ le degeç del palasio mōte fu
E braimōde uē corāt 9tralu
Oi gētil hō mō signor ai ꝑdu
Çarlo lo res emort & 9fundu
Cha de li ape lamire lacolse su
Entro la çābra ensūt abidos uenu
LI roi Marsilio quāt uid balugāt
Asi apella dui saraçī despāt
Prendime albraçe sime driçe īestāt

M. 2830. Al pūg senestro lia rendu li guāt
Sire amire quiṭẹ de spagna uos rāt
E saragoça elonor chia pāt
E ai ꝑdu stretuta mia çāt
Et il respōt de ço sui plus dolāt
No posso qui tenir lōgo parlamāt
Esso ase che çarlo no ma tāt
Eo no cuitaua da uos receuer gāt
Ꝑ le degreç çoso del palaxio desant
Mūta a çiual ua asoa ost corāt
Tāt çiualçeit quil fu primerauāt
Dalora auāti si senua escriāt
Veneç pain che ça sen fuçe li frācht
AL Maitinet quāt par lacler albe
Desueile est nostre īperer çarle
Sant Gabriel da ꝑte deo lo garde
Desoura lui ella fato son signacle
Pois se redriça sia tolu ses arme
Siadoba ꝑ tuta lost lialtre
Si sūt mōte ꝑ grāt iror ciualçe
Leuie lōge eli çamī plu alte
Siua aueder loso merauelos daumaçe
In rōciuals laofu la bataille
EN rōciuals sie çarlo ītrer
Di morti chel uede si cōmça aplurer
Dis ai soi hoī segnur apasso aler
Che mi meesmo mestoit auāt aler
Ꝑ mō nef che uoraui retrouer
Adasia stet aduna festa nael
Lasauanto me barō çiualer
De grāt bataile de fort stormē çāpler
Duna raxō oldi rollāt uanter
84b. Jane moriraue ī lestrāçe 9tre
Nen trapassas soi eses per
Enu'so pain auraue son cef trouer

En9qraue se finereit liber M. 2867.
Plu che hō nē poit un bastōçel çether
Dauāt li altres eī un poi mōter
Li cōt rollāt li ardi çiualer
QVāt li ēperer uait quirāt so neuo
De tāt herbe il cāp troua la flo
Chie u'mie del sāgue di nostri mio
Peçe en na neno postar che nō plo
Desot dū arbor e puegnu amo
Li colp de rollāt cognos ī leperō
Sor lerba uerde uit çasir so neuo
El noe meraueia se çarlo na iro
Desende ape ale liest apres lo
Si prēde li cōt entro ses braçe ābedo
Sor lu si pasma sēpre ne āgosos
LI enperer de pasmasō reui
Naimes li dux & li cōt encilin
Çufrei dançoi & so frer tieri
Asilu prēde si driçarēt soūi
Garde arere uid so nef çasi
Tāt dolcemēt aregreter lopri
Amig rollāt deti abia deo m'ci
Oncha nesū hō tel ciualer nō ui
Ꝑ grā bataile iuster &[1]) defini
Tut me honor atorne adesi
Çarlo se pasma quil no sepo teni
QVād lēperer reuen de pasmason
Naimes lo tē aquatro deses baron
Cora gaiardo lo uiso gēt ecollor
Torbe li ocli molt lie tenebror
Çarlo lo plāçe afe & adolor
Amigo rollāt deo meta toa arma ī flor
Inlo paradixo entro lo glorior

1) & über der zeile nachgetragen.

2900. Enz ĩ spagna uegnis amal signor
Çamai no sera çorno de ti no abia dolor
Or caçera mia força eme baldor
No trauaro chitegna me onor
Or posso dir cheno o amigo un sor
Seo amigo nõ o un tã plor
Traçesse li çauil a plene mã ãbe dor
Sor lui sepasma si par agosor
Cent & mil frãçois isõt ĩtel dolor
El noie quel che de peçe nõ plor
AMig rollãt or andaro ĩ frãça
Quãt eo sero alion ĩ mia çãbre
De plusor tere uignera la çẽt estrãçe
Demãdara uene rollãt lo çatiue
84c. E li diro el est mort ĩ spagne
A grã dollor poi tiro mõ rigname
Çamai no sera çorno che de ti nõ plãçe
AMigo rollãt por deo iouẽçe belle
Quãdo eo staro adasia la çapelle
Vignira mes hoĩ demãdara nouelle
E lidiro m'ueilles e pesme
Mort est meo neuo che tãt soit 9quere
In9tra moi reuellara lisasne
Ongres & bolgres & tãt gẽt au'se
Romã & pullã & tuti quilli de palerme
E saraçĩ equilli de galiu'ne
Pois entrarai me peine eme sofraite
Chi guidarai mia çẽt por tel poeste
Quãdo quilli emorti cheli altri çaelle
Ay frãça dolce cũ remã oi deserte
De dol che la el no uoraue uiuo essere
Soa blãça barba il com̃ça adetraire
Adambe mane li çauil de soa teste
Cento mille frãçois epasme 9tra terre

AMigo rollāt si mare fu toa uie M. 2933.
Chi tamort dolce frāce ert honie
Del dol cheo o no uoraui mai uiure
De mia masnea che ꝑ mie oncise
Deço prego deo li filz scē Marie
Auāti che uada alport grāt cesarie
Lanema del cors mesia departie
Entro lor fosse salue emisse
La mia carne dela soa senfuge
Soa blācha barba & soi çauilli tire
Ço dis lo dux naimo oraçarllo grāt ire
SIre enperer ço dis .Nay. li pro
Questo dolor nol demeneuu tro
Ꝑ tut li cāp fa cerir li no
Che quij despagna ī bataia amo^{r}
Ad un carner comāda cheli por
Respont li rei soneç uostro cor
ÇVfrei dāçoi ason graille sone
Frāçois descende ça^{r}llo la comāde
Tuti sei amisi chela morti troue
Adun carner trestuti lia aporte
Aseç li sut uiscoui & abe
Cleris & chanonis preuij corone
Sillia asolti & dadeo parte signe
Mira & encenso li fe alumine
Grāt mēt tuti lia encense
Per grāt onor poi lia entere
Sillia lasse quādo ifo sepelle
LI enperer fa rollāt custoin
Et oliuer et larciuesqȝ trepin
Dauanti si tuti lia fato aurin 84^{d}.
Chia un corpo ço e fato recollin
Fa una fossa[1]) desot lūbra dū pin

1) Das erste s von späterer hand über der zeile nachgetragen.

M. 2966. En blācho sacuer de mabre lia min
Fas aceller que des barō āprī
Encor de ceruo litri signur amin
Bien sūt laue aplumēt cauin
Lora comāda atibaut & çabuin
Millō li cōt & oton li Marchin
En treis charetes les Guie al çamin
Bien lia unbre dun pallio alexādrī
VEnir sen uole nostro ēperer çarle
Quāt de pain uede la reegarde
Dauāti lui aueçu dui messaçe
Dalamire nūcie la bataille
Reis orgoios noe droit che tenuade
Vei ballugāt cha presso ti çiualce
Grāt eloste chela mene de rabe
Ancho saurēmo se tua uassallaçe
Lienperer sia presa soa barbe
Sili renēbra del merueillos daumaie
Quen rōciuals reçeue ī labataie
Molt feran̄t soura tuta soa çēt guarde
Pois lur escrie a soa uox clera & alte
Barū frāçois açiual & ad arme
LI enperer tut primirā sadobe
Isnellamēt auestia soa brune
Laçent son elmo sia çīta çuiose
Chi p solei soa clarita no asconde
Mist ason col son escu de çirōde
Ten sun espleu che fu fato ablādone
Entenchadur son bon çiual mōte
Quel 9quis algue de sot Marsone
Sin çeto morto apollin de nerbone
Lassa lareine gētemēt lo sperone
Fas ūs eslas uegāt .XXX. M. home
Reclama deo & lapostoel de rome
Apres quel mot noa paur de 9fūdre

Dis li frãçois tel deit porter corone M. 2999.
Ꝑ tut lost qui de frãça desende
Plu de cẽt .M. sie adobe ĩsẽble
Ga[w]nimeto ache molt lur atalẽte
Çiual corẽt & les arme ben gente
Pois sont mõte molt esfreçee mẽte
Seil li troua bataia cuita rendre
Çil 9fallõ enleaste li pende
Sone cent graille emenu esouẽt
Quãdo çarllo ued tãt belle 9tenẽçe
Asi napelle Jotirãt deproençe
Naimes li dux Antelmes de manẽçe
En tel uasal de hom auer fiance 85[a].
Ase efol chi contra lui sedemẽte
Seli arabit de uenir no sepẽte
La mort de rollãt cuit molt cer uẽdre
Respont li duç .nay. e deo neli 9sẽte
ÇArllo apella rabels eguinimãt
Ço dis li roi segnur eue comãt
Sia ĩ logo doliuer & de rollãt
Lun porti la spea & laltro loliphãt
Si çiualceç ĩ lo primer ceuo dauãt
Ensenbla uui .XV. Millia frãcht
De baçaler chesia tuti enfãt
Apres de quij sinauri altretãt
Çil guiara Geboin & lorãt
Entre naimĩ & li 'cõt loterãt
Laltra gẽt ben laua ordenãt
Sei troua stormo & bataia pesãt
Illi ferira dele soespee trẽçãt
DE frãçois liest doe schere p'mere
Apres le doe elstabilisse la terçe
En quella sie libarũ debaiuere
A uĩti millia çiualer li presente
Ja deu'so lur nosera batailla lasse

M. 3031. Sotol cel noe çent che çarlo abia tāt çe
Sei noe qui de frāçe che lo regno 9quere
Lidux Oger lì pugneor dainese
Guiara quella 9pagna fire
TRes schire ait līperer çarle
Naymes li dux establis la quarte
Dequilli che molt grāt uassallaçe
De alemaine sūt & de la Marche
Vīti Millia eçodis tuti ialtre
Ben son guarni de ciuals & darme
Çap̱ morir nō garpirōt bataie
Cil guiera hermā li dux de traspe
Ançi muriraue chi coardia face
ENtre naimin & li cōt otirāt
La quīta cheRe afata denormāt
XX. Millia ço dis tut li francht
Çaper morir no sera recreāt
Sotol cel noe çēt tāt pos durer īçāp
Riçardo lo ueio li guiara dauāt
Çil li firira desoe spee trēçāt
LA sexta schera efata de bertun
Quarāta millia çiualer ben li sur
Quilli çiualce aguisa de baron
Deriçe lur aste ferme lur 9fallō
Lesir delur lum apella bellū
Çil lo domāda al cōt nouellū
Tebaut de rēs & lo Marches oton
85b. Che de mia çēt euēfaço li don
LI ēperer ases schere faite
Naymo li dux estabilis la sete
De pitain & de barū del uergne
Sexāta .M. çiualer poit ben estre
Ben sūt guarni & dubergi & delme
Et illi son mōte desor un alte rere
Sili benei çarlo asoa mā destre

Quilli guiara loterāt & antelme M. 3067.
LA otaua schere a .Nay. estabie
De qui de flandre & de barū defrixe
Çiualer sūt plus .XL. mille
Ça deuers lur nosera bataila guēchie
Ço dis li roi quisti fara mō ꝓuise
Entre nubaldo & Naimū degalicie
Liguiara ꝑ grā çiualarie
ENtre Naimū & loterāt li cōte
La nouena schera efaita de prodome
Deloirēs & de qui de bergogne
Sexata .M. çiualer ꝑ numere
Elmi alaçe & auestu soibrune
Espee çinte alor col tarçe dople
Espleu afort ma liaste sie curte
Se arabi de uenir no demore
Quili firira senexū sabādone
Quil Guiara teris li dux de bergogne
LA desema schera edi barū de frāçe
Cento .M. son dequi mior çatanie
Cor ont Gaiardi efire ꝯtenāçe
Auberg uestu & lur brune doplaine
Elmi daçer & legeme reflābe
E spee açinte li frāçois de frāçhe
Escuz ont çēt de molt recognosāce
Espleuç afort & u'tuose aste
Malie de fero entres quia lemane
Pois sūt mōte que bataie domāde
Monçoie escrie çoe līsegna çarle
Çufrei dançoi porta loria flame
Mais deçuiose sia pris une cangne
LI ēperer de son çiual descend
Sur lerba uerde sise colçe çasent
Reclama deo molt escrodie mēte
Voire pat'ne oi ī questo çorno me defent

M. 3101. Que guaris Jonas tut ueramēte
De la balena qui en son cor lu tint
E spaenals lu rei de nineuent
E la cite extratuta soa çēt
Deniel de m'uelos tormēt
Li tres enfāt dela fornas ardēt
ꝑ toa m'çe sel te plaxe mo 9sēte
85c. Que me neuo possa uencer Rollēt
Quādo aore si se driça īestāt
Segna son cef dala uertu possāt
Monta li roi suso çiual corent
Listreue li ten naimū eiocirēt
Gente ali cors & bel & 9sedent
Cler lo uisaço & de fer 9tenēt
Pois si ciualçe molt esfieremt
Sona li corni ededre & dauāt
Soura tut li altri bādis lolifāt
Plançe frāçois ꝑ pece derolāt
MOlt gēt mēt li ēperer çiualçe
Desor sa brune fora mes soa barbe
Ꝑ ses amor altersi fa li altre
Cento .M. frāçois lie recōsiuille
Passa çes pois eçes roçes plus alte
Çiualça ꝑ força sie molt āgosose
Esse del port & de la tere guaste
Deuer spagna ealle ī le Marche
In un pra sia preso lur estage
A lamira sia reparie ala garde
Un andaor lia dit lo messaçe
Veçu auē li rois orgoillos çarle
Feresoi hoī no a talēto chene falle
Adobe uos che ça aueri bataille
Dis ballugāt or oldi grā uasallaçe
Sone uostri corni chi me pain liuae

PEr tuta loste faites li tãbur soner M. 3137.
Corni & busine & li grail molt cler
Pain desende ꝑ lor cors adober
Lia mire nose uolt demorer
Vest une brune lispans en son safrer
Laça son elmo qui est ador çeme[w]
Çinta una spea also senestro ler
Ꝑ son argoio· lioit un nom trouer
Ꝑ quella de çarlõ dun oil parler
En preçiosa la soa fa clamer
Soi çiualer tuti lifa crier
Çoert soa ensegna en bataia chãpler
Mis ason col son escu de quarter
Doro ela borcle & de cristal lister
La gũicha fo dun peson doutra mer
Ten son esple sia pella malter
La asta grossa cũ un fust de pomer
Desol el fer fust un uilã carcher
La forchaure aseç grã leber
Grailles ꝑ le flãche & larçe li coster
Grosso ꝑ lespalle molt eben figurer
Cler lo uisaçe li cef reçercler
El est si blãcho como flor enester
De uassalaço molt efort prouer 85[d].
De qual uasal sel fust cristier
Su son çiual balugãt e mõter
Li stref li tint Marçolli dultra mer
Li destrer broça li sage enes tut cler
Fe un eslas si tresal un fosser
Quarãta pe li poum amesurer
Pain escrie questo de nr̃e marche tãser
Noie frãçois se alu uẽt a çostrer
Voia o no chel no ꝑda li cef
Çarlo est fol chel nosene aler

M. 3172. LAmira ben resēbla abarū
Blāça ala barba & so mēt cūmo flum
E de[1]) saie loi molt sauiom
Et ī la batailla orgoillos & fellū
So fio malprime molt est çiuallarū
Grāt & fort ben traçe ad ātesum
Dis a son pere sire çiualçarō
Molt me meraueio senu ueirū çarlū
Bel filz dist il çarlo est molt prodom
E plusor gēt de lu agrāt honum
Mo elge miga rollāt so neuum
Noa oima uertu chel possa uer unū
Trestuti li altri no presio miga un botō
BEl fis Malprimes ço li dis ballugāt
Jer fu mort li bon uasal rollāt
Et oliuer li proç eli uaillāt
Li doç per che çarlo amaua tāt
De quij despagna .XX. M. 9batāt
Trestuti li altri no presio miga un gāt
Māda lio meo messaço Galfāt
Di soi dexe schere na fat molt grāt
Quello emolt pro che ben dis lolifāt
Dun grailles cler ses 9pagni reçatāt
E si ciualçe el primero ceuo dauāt
Ensābla lui .XV. M. 9batāt
De baçaler che se clama tuti enfāt
Apresso de quilli si nauera altretāt
Quilli ferira molt argoiosa māt
Respōt Malprimes lo primer colp domāt
BEl fis Malprimes ballugāt lia di
Eo uellotrio da que quest laui
Premer 9tra frāçois fereri
Si menari turlleu un roi ꝑsi

1) de am rande nachgetragen.

E clapa mors un altro rois de leti M. 3205.
Lo grāt argoio se amater poi
Quel olifant che no soni & no cri
Eo ue donaro grāt part de mō pai
De oriēte tresquia ual mari
Ço dis Malprimes sire uostra merci
E passa auāt lo don areçeui 86^{a}.
Tal fe elprēde che po mai nolui
Oi ma enfu clare ēuesti
Li amira çeualça ꝑ so merueilos os
So fio cū lui & li roi sclapamors
Trēta eschere estabilis molt tos
De çiualer che molt meraueillos efors
In la menor est .XXX. millia eos
La primera equilli de butītros
Dun çudeo fo que deo traia tors
Elaltra apres de nices al cef gros
Sur li eschine chia ī me li dos
Sia le sede altersi cōmo pors
E la terça de nubles & de blos
E la quarta & deros ede sclafors
La quīta e de sorbanes & desors
La sexta e de cleribaneis & de mo^{w}s
La VII^{a} e de qui de Jericos
La VIII^{a} e de claines & la nouena de mo^{w}s
E la dexena e de baligera lafors
Questa e una gēt que deo nōseruos
De plus fellō no oldi parler çamos
Dur ali cor alt'si como fors
Ꝑ ço no dara delmi ne de ubergos
Ma ī bataia molt sefa fer & iros
LAmirai .X. schere a areste
La primera e de gaiçāt & de malposse
Laltra e dongres & la terça e de bolgre
La qua^{w}ta e de qui de ual pense

M. 3256. La quīta e debaldixe la lōge
E la sexta e de ioie marinose
E la VIIª e de leus & destromone
E la VIIIª e de gargille & la VIIIIª de clarbone
E la Xª e de barū deualfōde
Questa e una gēt che deo no amo onche
Ceste frācor trēta eschere renūbre
Grāt elost & le bosine sone
Pain çiualce aguisa de ꝓdome
LI amire molt par saçes hō
Dauāt lui fa porter sō dragō
E lo stēdart & triuigāt & Machō
E li emage dapollin lo fellō
Dis chanineis çiualçet enuirō
A molt grāt uoxe si escrie un ꝓmō
Chi ꝑ nostro deo uol auer garixō
Si pregi & aduri ꝑ grāt afflíciō
Pain abosa lur cef & lur mētō
Soi elmi cler li getēt grāt flābō
Dis li frāçois tut li mureç glutō
Deuos sera ācho mala 9fusiō
86b. Lo nostro deo garētis çarlō
Questa bataia trop ben laūicirō
LI amire e de molt grāt saui
El sina pella so fio & lidui ri
Segnur barō dauāti çiualçari
E me 9pagni tuti li guiari
Ma di miori uoio retinir tri
Lune de turcli & laltro dorchani
E la t'ça de gaiçāt eclenti
Qui de ociant uegnera apres mi
Si çostrarē açarlo & a frāchi
Li enperer selse 9bat ami
Desoura lo busto la testa ꝑderi
Tut sie fello si altro drito ne auri

GRāt eliost ele 9pagne belle M. 3291.
Entre lur ne ie ne poi ne ual ne t're
Silue ne boscho ascose nepo esser
Bien sen treuen p une plane uie
Dis ballugāt la mia gēt auerse
Car çiualce por la bataia quere
Linsegne porti alboin doliferne
Pain escrie preciosa napelle
Dis li frāçois de uos si ancho grād pde
Molt alta mēt mō çoia renouelle
Li ēperer fa soner son graille
Elolifāt che tuti loreclame
Dis li pain la gēt çarlō ebelle
Bataia auremo e dura & pesme
GRāt ela plaine & large la 9trea
Molt e grāt ost che illi asenbla
Luxe qui elmi apeire dor gemea
E quilli escuç & quelle ensegne formea
Septe millia grailli ensona ala menea
Dij olifāti neuos ne molt clera
Liamire ballugāt si apella so frera
Çoe çahrebels lo roi de florentera
Il tint la t'ra entresqȝ ual seurea
Tut le tube de Çarlo lamostrea
Vei la gēt de franco lalosea
Molt feramt çiualce līperere
Elle arer de quella gēt barbea
Desoura le brune ale barbe getea
Altersi blāche como neue sorgellea
Batailla aura efort & adurea
Unque mai hō nō uid tel aiustea
Plu che hō nō po traire une u'ge pallea
Dauāt li altres tuta soa gēte pasea
Una raxō lia dit ēmbrea
Veez pain como etrēçāt mia spea

M. 3327. Desuç lu feir aimes astes frasea
86c. Deuer çarlo sina lamur trēçea
LI ēperer quāt uide ballugant
Li 9fallō lensegne elistāt
Dequi de rabia esforço liasi grāt
Dela 9trea sia preso le cant
Nema cū li ēperer enatant
Adalta uox si apella soi francht
Barū frāçois uu sij bon uassallāt
Tante bataille aui fat ī cāpt
Veeç pain fellō sūt echoāt
Tut sei le un sol diner nō uālt
Sia grā segnor decui nē cālt
Quel uol uernu uegnir se ālt
No lassaro no lasaia balugāt
Laxa la reine si broca lalferāt
Tencha dur lia fato quatro salt grāt
Deli frāçois quest eroi uailāt
Çiualça roi nexū ne nos ue fallāt
Cler eli çorno eli sol ert luxāt
Le ost ebelle elecōpagne egrāt
Iostee sūt le eschere dauāt
Li cont rabels eli cōt Guinimāt
Laxa la reine delur çiual corāt
Broçan adrit si sūt uenu al çāpt
Si uait aferir delur spee trēçāt
LI cōt Rabels e çiualer ardi
Lo çiual broça de du sperō dor fi
Si uait aferir torleus li roi ꝑsi
Escuç & bruine nepot so colp teni
Lesple ador en lo cors lia mi
Que mort labat leç un bosco flori
Frāçois escrie domenedeo ai
Çarles adroit noli douē falli

E Guinimāt çostra alroi deletie M. 3360.
Tuta li fende la tarça che florie
Apresso lia brune descosie
Lensengne ador ençeli cors lia mixe
Che mort labat chī che plor ochī rie
A quest mot qui de frāça ses crie
Feri barū sino ue targe mie
Çarlo adroit uers la gēt paganie
LI ber Malprimes seit ī un çiual blāt
Condus son colp enla pressa difrāt
Dures ad altres grāt colp ina donāt
Lun mort sor lautre uer tere stratornāt
Tut primirā li respōt ballugāt
Veez mō fij che çarlo uait chirāt
E asoe arme tāt hoī ça lūçāt
Meior uasal noe ī le çāp
Seguiri lui auostre spee trēçat
A quest mot pain se traçe auāt 86[d].
Duri elli colpi eli çaples molt grāt
Batailla liest ꝑ lo menesiāt
Uncha no fo tel ne darer ne dauāt
GRāde ele ost & la 9pagne efere
Justee eno li primere eschere
Frāçois epain m'ueillos colp fere
Morti enaure espesem̄t caçere
La ueisseç la tere sicerçee
Lerba del cāp che uerde ecolçee
Del sangue che nexe e tuta uermee
Lamire reclama soa masnee
Feri barō sor la gēt cristiēte
Batailla ē fort & aduree
Uncha mai tel hō nō uide aiostee
Tresquiala mort no sera deseuree
LI amire la gēt soa apelle
Feri barū che bon uasal dij esere

M. 3398. E ue donaro fe & marche & terre
Siue donaro muier gẽtil & belle
Pain respõde ꝑ drito le dõ de estre
Alcolp primer tụte le lãce li ꝑde
Plu de cẽt millia sina lespee traite
Grãt eli colpi emeraueillos & pesme
Bataia troua qui che inãçi uol estre
LI ẽperer reclama soi frãçi
Segnur barũ ꝑ deo si maidari
Tante bataille aui faite ꝑ mi
Regni 9quis edes ordine ri
Çasaui uu ben che guierdõ uẽfi
E de mõ cor de diner & daui
Vei uostri fij uostri frer & uostri ami
Quẽ rõciual uidi plurer er si
Vos saui ben 9tra pain odri
E li respond sire uos dites ui
Ne noue falarẽ ne ꝑ mort ne ꝑ destri
Elnoie quel cha sa lãça no enpli
Comunalmẽt li promere lor fi
Bataia troua ꝗ che ĩnãçi satri
LI ber Malprimes ꝑ me li cãp çiualçe
De qui de frãça il molt grãt domaçe
Chi lui ueisti geter lũ mort su lautre
Naimes li dux feramẽt lo regarde
Vailu ferir cũ home uirtuable
Del son escuz trẽça la pẽne dealte
Lo blãcho obergo li derõpe & desaure
Al cor li met tuta lĩsegna çarle
Che mort labat entro set .C. dialtre
Frãçois escrie alle a mil diable
REis chanabels frere delamiral
87a. Deli sperõ ben broça lo çiual
Traita laspea ali pom del cristal
Si fer Naymõ ĩ lelmo prĩcipal

Luna mite li trēçe cōtra ual M. 3433.
Albrādo dacer li rōpe & deslal
Lo çapiller un sol diner noli ual
Trēça la cofia çasqȝ alos del cal
Desor le rolle plene palme nabal
Grāt fu li colp li dux senestornal
Sēpre caist se deo noli aidal
Soura lo col del destrer enbroçal
Sel pain un altro colp recoural
Sepre fust mort li nobel uasal
Çarle li uede ben lu secoreal
NAimes li dux molt par āgose
Li pain chel feri molt la adaste
Ço dis li roi culuert mal li toce
Vait lu ferir ꝑ soa grāt poeste
In lescu dal col aroto efrasse
Li blācho oberg li rōpe & desmaie
So grāt espleuç ꝑ me li cors apasse
Mort labat la sella romā gaste
MOlt agrā dol çarlo maino liri
Quāt .Nay. eluede īnaure dauāt si
Ꝑ lelmo bru li sangue cler chai
Li ēperer lia dit insi
Bel sire dux car çiualçe ami
Mort ai liglot che ī cef uos feri
Al cors li mist mō espleuç forbi
Respond li dux sire ben uos cri
Se uiuo alquāt molt grāt pro nauri
Poi sūt iuste per amor & per fi
Elsenble alui tel .XX. M. frāçi
El noie quel che fira mainesi
LIamire çiualça ꝑ lo cāp
In mā il tint so grā espleu trēçāt
Si uait aferir li cōt Guinimāt
Cōtra li cors li frosse liscu blancht

M. 3466. Del negro oberg le maie li uait rōpāt
Tut li coste li deseura del flant
Che mort labat delso çiual corāt
Pois a mort Giboin eloterāt
Ricardo lineuo lo segnor denormāt
Pain escrie preciose uaiāt
Ferez pain ben fer nr̄e garāt
CHi doncha ueist li saraçī derabie
Qui dociāt edargoio & deblādie
Delur spee ferir como fer eçaple
E li frāçois niēt no lisparmie
Aseç edi morti edalun & di altre
87[b]. Enqui aluespre molt efira bataie
Di barū frāçois molt ge grā damaie
Dol en aura ināçi chin sen parte
MOlt ben lifer frāçois & arabi
Frosse ces lances & ces espleuz forbi
Chi donec ueist li blāchi obergi fremi
E quelle espee su qui elmi cruisi
Li çiualer chi donca ueis mori
Et hoī braire 9tra t'ra chai
De grā dolor li poreit rem̄bri
Questa bataia emolt fort asofri
Liamire reclama apoli
Tiuigāt Machomet alt'si
Meo domenedeo eouo molto serui
Tut uostre ymagine neafro dor fi
Contra Karlō daime garēti
Qui allo dauāti un so dru gemalfi
Male nouelle iaporte edi
Ballugāt sire uos estes mal baili
Ꝑdu aueç Malprimes uostre fi
E uostro frere chanables emort alt'si
Vers ū frāçois bellamēt senui
Li ēperer molt ebel ço meui

E ballugāt si steç so elmo encli M. 3504.
Tel dol ela chel cuita ben mori
E si napella Glancel ultre mari
DIst lamire Glancel veni auāt
Vos estes por uostro sauir grāt
Vostro 9sei otrie tute tāp
Che ue resēbla darabi & de frāch
Senu auesem la uitoria del cāp
Et illi respōd mort sia ballugāt
Çanostro deo no po eser garant
Çarlo ert fer & ses hoī efirāt
Noui mai gēt chesi fos 9batāt
Ballugāt lolde mai nō fu si dolāt
A si reclama li barū dociāt
Turcles eunces & tuti qui de ꝑsāt
Ma domenedeo uos enprego ueremāt
Quel chen de esser nosia endemorāt
LI amire asoa barba fora mise
Esie blācha como flor despine
De[1]) euelle nose uol ecler mie
Mais a son col porta una bosine
Sonala clera si che pain loldie
Ꝑ tut lo cāp soi 9pagnū rellie
Qui dociāt ebraiēt eglacie
Orgoio establēt ei guisie
Reguera gerera ꝑ si grāt estoltie
Tut’lor espleç erūpeç epartie
A quest mot çeta morti sgre millie 87c.
Li cōt Oger coardie no amo unche
Meltre uassal delu no laça brune
Quād de frāçois uid leschere rōpre
A si apella teris li dux de bergogne
Çufroi dançoi & io tirāt lo cōte
A çarlo Maino feran̄te lo raxone

1) D oder Q ist verklext und schwer lesbar.

M. 3537. Veeç paiẽs como a mort nostri cōte
No plaça deo chel ceuo porti corone
Che no çiualci ꝑ reuẽger quest onte
Noie frãçois che un sol mot li rispōde
Lassa lor redane feram̄t li çiual sperone
Si uōt aferir la o els sen9tre
MOlt ben li fer çarlo maino liri
Naymes li dux & Oger li dainisi
Çufroi dançoi qui soa ensigna teni
Albois doliferne get mort dauāt si
Ballugāt sire uid ses īsigna chai
E lostendart triuigāt remani
Liamire alquāt sen ꝑceui
Que ila tort & Çarllo Maino aldri
Pains derabie suz cutẽt li plu qui
Li ẽperer reclama soi franci
Segnur barū dites se maidari
Illi respont çẽte mẽt ꝑ nostra fi
Tut sia fel qui gerpira to uoli
E tel .C. Millia lore na apres si
Noie celui cheno fera maine sei
PAssa li çorno si cline lauespree
Frãçois epain ifirẽt delor spee
Cil furẽt pro qui alost aiustee
Malur ensigne noa miga obliee
Lioireç lẽsigna p̄ciosa clamee
Çarlo mō çoie linsegna renomee
Lū cognos lautro asa uox alta eleoee
Enme lo cāpo ābi dui sen cōtree
Vase aferir molt grā colp sadonee
Desoi esplee ī lor tarçe roee
Que tut li frosse desor le borcle lee
E di obergi no spāde ne derōpee
E dẽtro li cor miga nose deseree
Rōpe le cīgle & le selle torneree

Cade lore ꝑ tera se trouee M. 3574.
Isnella mēte ia trete la spee
Questa bataille no po esser finee
Sēça hoī morti no sera deseuree
MOlt eprodom carlo de frāça dolçe
Ma ballugāt no treme ne no dote
Lur bone espee tut nue li mostre
Suso soi escuz molt grāt colpi sedone
Trēça li fusti elicor lie dople 87[d].
Che ēt les claus si despeça le bocle
Pois se fere un aun sule brune
Dielmi cler fou en escarbōcle
Questa bataia no remara onche
Jusqua lo drito dal tort no se cognose
DIst ballugāt çarlo orte por pēte
Siprēdi 9seio chī· uer mi te repēte
Mort amō fio ꝑ lo menesiēte
A molt grāt torto me paiēs me tient
Deuen me homo grāt feu uenorēt
Aime seruire tresquia ī oriēte
Çarlo respōt tro grāt uilte erent
Pax ne amor apain nō do rend
Macri ī la lei che deu nos ap̄sēt
Crestiente & eo tamaro sēpre
Serui & cri al roi ōipotēs
Dist ballugāt maluaxio sermō comēt
Pois si se fer delur espee trēçāt
LIamire sie de molt grāt uertu
Fer carlo Maine ī lelmo a grāt u'tu
Desuso la testa lia roto & fendu
Mis la spea ī lo çauel menu
Prēdel dela carne plena palma & plu
Liano īdrito remas lios tut nu
Çarlo . çantelle por pocho noe cahu
Ma deo nol uol chelsia mort ne uēcu

M. 3610. Sāto Gabriel ē reparie alu
QVād çarlo oldi la uox delāgle
Noa paura demort ne de dotāçe
Repario alui el uigor & la m̄brāçe
Fer la mira dela spea de frāçe
Lelmo li fende & le geme reflābe
Trēça la testa chele ceruelle spāde
E tut lo uiso tresqua la carne blāche
Che morto labat sença nul recourāçe
Mō çoia escrie ꝑ la reconosāçe
A quest mot uenu est li dux Naime
Intēcadur e mōte li roi çarle
Paien senfuç noie quel che romagne
Or a frāçois ço che illi domāde
PAin sen fuçe si como deo uol
Frāçois lincalça & līperer aprol
Ço dis li roi segnur uēçe uos dol
Siesclareç uos talēt & uos corl
Que ancho maitī ue uid plurer desol
Respond frāçois sire parlez neue stol
Çascū li fert como elpo grāt dol
Poi senestort de qui che liª ol

88ª. GRāt e la nobla cheleua la poldete
Pain sen fuçe & li frāçois da arere
E si encalçe trosquie in saragoçe
Sulalta tor emōte braimūde
Ensēbla lei soi clercs & so canoine
De falsa le che deo no amo onche
Ordene noa ne in son ceuo corone
Quādo saraçī uede anciere & 9fūdre
Vene a Maʷxillio & silia lui renūçe
Hay çētil hō çae uēcu nostri home
Li amire retorne amolt grāt ōte
Quado lolde Maʷxillio uers la pare se torne
Plura des ocli tuta la testa enbroçe

Mort e de dol si como peçe li ēgobre M. 3646.
Lanima de lui ad un diable done
PAin son morti alquāt torni enfuge
E çarlo maino a soa batailla uēcue
De saragoça eľaporta abatue
Or sai ben che no sera defendue
Prende la cite soa gēte ie dentro uenue
Ber eli roi alabarba çanue
E braimūde le tore ia rendue
Le dexe egrāt ele cīquāta menue
En quella noit ꝑ poeste licure
Molt li uait ben qui domenede aiue
PAssa lo çorno la neit easerie
Cler luxe la luna & le stelle flābie
Liēperer çarle asaragoça prise
A mille frāçois si fa cercher lauille
De sinagoges elle daumerie
Alma de fer e cugnecles quil tire
Frossa li mur lo pallasio elleidie
No romaira nesor nefalsarie
Li rei cree ī deo far uol so ꝓuisie
Li preujj & li ueschoui li loe e benedixe
Ven pain trequi albatistire
Noie quel che çarllo cotradie
El faça prēdre ua dreu o oncire
Batiçe son plu de cēto mille
Ven cristian açetọ la raine
In dolçe frāça silla mena çatiue
Ço uol li roi ꝑ amor 9u'tirle
PAssa la noit & siapar lo cler çor
De saragoçe çarlo garni la tor
Mil çiualer li laissa pugneor
Qui guarda la tore aonor delīpereor
Mōta li roi etrosti soi baror
Poi sen reparia adol & a tristor

M. 3680. E braimōde mena ī soa presor
El noa talēt che faça se benor
Li roi çiualça ꝑ molt grāt 9tenor
88b. ÇArlo çiualça ala barba florie
Guarda sor dextra oit nerbona scosie
Deo dist li roi dama scē Marie
Cō anom çella uilla . [1]) che si ben stablie
Respont li dux Naimo no uel çellarai mie
Nerbona a nom pain latē ī bailie
Li roi alfarise cui domenede mal die
NOstro ēperer amolt lo cor dolāt
Jesu ditel pere oīpotāt
Che douera faire nostra frācesca çāt
Se sta cite doura remanire atāt
Droit ēperer ço li dis li dux naim
Se fari ꝑ me sen sera siance grāt
Fai uostro prego cū la frācesca çāt
De bō coraço aiesu terarāt
Forsi plaira adeo oīpotāt
Ꝑ lo dalmaço cham receuu tāt
In rōciual uer lapaina çāt
Che fellū tornaraue aniāt
Chī uer frāçois no sepora defāt
NOstre ēperer se mis uer tere ī clin
Eli uecli hoī & li çouini meschī
Dauāt t're li cōt pallatī
Soura tuti li altri ora li fil pipī
Jesu ditel cū tue uoire deuin
La noit feis lo ciel elo serī
E mer & terra iusqȝ amarmorī
E cōu'tis san pol & san fermin
Et eo sum uestre sire iusqȝ alafin
Rendi daumaçe soura la çēt de putlin

---

1) Der buchstabe ist ziemlich verloschen; ich lese f.

Che nostri frāçois nō tornēt adeclin
Jesu li mada li angle cherubin
Droit ēperer no te doter derin
Che deo fara alquāt de tō plaxin
ÇArle li rois retorna ī oraison
Eprega deo li rois de tot li mō
Ber qui uenist au seicle ꝑ durer passiō
Del munim̃to susitas san laçarō
Sāto daniel garisti daulion
E santo Jonas del uētre del peison
Sāita susana garisti del fals nom
Les trois enfant del fou edal callō
Filz isrl'. demais de faraon
La mer uargast aguisa de peon
Cheno iauist barçe ne dormō
A lōgin feist ueras ꝑdon
Dal dextro la chel uols ferir abādon
Dela lāça el coste que deuoir la sauō
Sangue & aqua li uīt sor li mētō
Il sen tocha les oilz si oit luminaxō
Il clama soa colpa tuli fis ueres ꝑdon 88c.
Siueram̃t cū tu fus deo & hom
Si me mādai dal cel & aer & sulipiō
Soura nerbona descenda atel bādō
Chaura le porte faça runer li mur
François la prēda sença demoirason
Che noli ꝑda çiualer ne peon
DEo ama carlo eolde lesoe uoxe
Quel çorno li māda aher & solibione
E un aure & un si fort deluuione
Che da mille parte faxea runer le mure
Quād li tēps est remes frācois prēdēt li arme
Vient an'rbona entra ꝑ me le porte
Ocient les homes alorespee nue
Brusa les femes les enfant ont trēçe

Presa fo nerbona sença plus delae
Liēperer noli perde peon ne çiualle
NOstro ēperer mōta il palais maior
Inlasala grāt dal tēps ancienor
Apres lui de frāça li cōtor
De frāça dolce lo bernaço ela flor
Nostro enperer ia apella por amor
Frāchi çiualer dist li nostro ēpereor
Entro nos çiualer un dux oū 9tor
Dux ni chatanio ni hō detel uigor
Che uoia nerbona tenir & tut lonor
Seruir gena dexe millia barū
Deo no fe quel cha līperer respon
Tut ī lo palais itēt li cef inbron
Tuti laçuça afou & acarbon
Mal fou arda nerbona
QVāt līperer uid soa baronia
Ni ben ni mal nus hō li respōdia
Liēperer parla aleçeres ardia
Trai uos auāti Riçardo de normādia
Prendi nerbona uolūter uelotria
Seruir uena çiualer .XX. Millia
Bon rois dist il uos parle de folia
XVII. anni est che nōfu ī lormādia
Guera mefa una gēt de saracinia
Tolme mie t're mie çastelle & mauilla
Adaltri la dona bon roi che nola uo mia
Mal fou arda nerbona
NOstro ēperer cuita de dol racer
Auāçi guarda si comēça aparler
Veneç auāt sire Dainois uger
Vos estes molt pro & uaillāt çiualer
Meior de uos nō po armes porter
De grāt domaçe no sede hō trop trister
Ne dela grāt alegreça nose de trop exalter

Fetes les somers aialbergi chacer 88^{d}.
Poi doneç nerbona aun disti çiualer
In dolçe frāça pois pēson delaler
Deo dist li rois a cui la doe doner
A fou & açarbō la oldo tutor çuçer
Ben conos chele mort de frāça lo berner
Rollāt li cōt & li Marchis Oliuer
ATant ūit Gaine ilculuert licer
Vint al roi silprist a apeller
Sātissimo roi īuer mi entēder
Faites moi 9dur ī frāça la 9trer
Tutol bernaço uos fareç asēbler
Dous cauas braui uus fareç atrouer
Dous damoseus fareç desor mōter
Alun & alaltro me fareç ben liger
Ꝑ tuta cristēte puis me fareç trainer
Quāt lagēs me uerōt si aura demāder
Lesen frāçi respōdra elest Gaino li licer
Che uende al roi Ma^{w}xillio Rollāt & oliuer
Trepin de raina & tuti li doç per
E li .XX. M. chau port furēt lasser
Quāt me uera eo oiro mō arma blastemer
A fou & acarbō tuti maura çuçer
E ītel guisa siuos poreç uençer
Porço dist li traite chel uoria li roi īçigner
Deus dist li roi ne uos 9uen parler
Cil mal e altro uos 9uēdra īdurer
LI enperer sus el palaxio mōtaua
Apresso lui lo bernaço de frāça
Liēperer aparle sens dotāça
Traeç uos auāti arnaldo de bellāda
Prendi nerbona che uos lado enguarda
BOn rois dist il uos parle deniāt
Deseset anz e che no fu en belant
Guera mefa una paina çāt

Prēdēt mes teres mes uilles uōt ardāt
Altrui ladone bon roi miga nola domāt
Fous gresses arda nerbona el paesāt
Quāt sioit dit porpense fu atāt
DRoit ēperer dis li cons Arnald
El me renēbra li çorni & li tāp
Quāt eme parti da ma cite debellāt
E li lassai un mō petit enfāt
Aimeriget oit nom ason baptiçamāt
Tres āni auea & du mois plus auāt
Sil fust uif por deo oīpotāt
Oroit .XX. anz & 9pli & passāt
Huimes puet ilben honor de t'ra prāt
Por lui la prēdo droit ēperer poissāt
Prēdeç ço dist li roi ꝑ un tel 9uenāt
89ª. Seruir lina .X.^{M} cobatāt
Iusqua set anz & 9pli & passāt
Guarnirōlla depans & deprouāt
No ert mais ior trestuti mō uiuāt
Se delui uederai çiualer ne seriant
Por nul besogno che mester lisoit grāt
Chel nol secora acēto millia 9batāt
El ber arnaldo sioit por pris logāt
DIst lēperer chialira por lenfant
Jeo alirai ço dis liber arnalt
Si fareç ço dit li roi ꝑ un tel 9uenāt
No menari auec uos çiualer ne ꝓuāt
Plu duna noit no fari albergāt
O mort ouif qui neuereç īpresāt
O gētil cōt dist li ēperer puissāt
Quāt ireç por paris la grāt
Le dames & le polçeles uos alira domādāt
Demādra uos por deo oīpotāte
O est carlo li ēperer puisāt
Et oliuer li palatī rollāt

Trepin de raina eialtri 9batāt
O bel cōt mētili noli dites uoirmāt
Dites che grāt çoia alīperer pussāt
A pētecoste nos sereç tut achaxa retornāt
Dist li cons uos parle de niāt
Mēçoner nō fu dū Garim li 9batāt
Nosera le fil por deo oīpotāt
Sel me domādara les dames de frāça
E li diro bel sire tot le destorbamāt
Mort e oliuer & li pallatī rollāt
Trepin de raine & ialtri 9batāt
No fu tel dol el rigname de frāça
Bel cōt dit li roi fari uostro talāt
Pur çiualçe aiesu uos comāt
Por tel bel fiz querere
COnçe pur prēde humes liber Arnalt
Esse de nerbona nose oblia niēt
Passa san mois & oblio eastāt
Jusqua parise no fe demoramāt
Çalie asenble ben .III.ᴹ dame possāt
Dele mior de riame de frāça
Ꝑ le nouelle sauer de tot part
Sauoir nouelles delīperer puissāt
Les dames uid li cōt ciualçer bellamāt
Tut chamufe de porter lo garnimāt
Cōtra lui uenēt arasoner li primāt
Por mi la reine pur prēde lalferāt
Oi çētil cōt çiualçe bellamāt
Dites nos nouelles delīperer puissāt
O est oliuer & li cōt rollant
Trepin de raina eialtri 9batāt 89b.
Dis qui en mort nos ni saueç quāt
Dites bel sire nō mēteç de niāt
Jelle uos dirai ço dit li cōt arnalt
Mort est Oliuer ele palatī rollāt

Trepin de raina & li doçe 9batāt
E XX^{M} che fo alport passāt
Gaino les uende por or & por arçāt
Auroi Ma^{w}sillio a rōciual alcāp
Les dames quāt lintēdet font li dol si grāt
Tel mai nō fu īle seigle uiuāt
Trahent lor cauelis & batēt lor pal
In terra chaēt lor pelle de mar
Les bindes dela sea derōpēt & destāt
Demes · pasmer cair ī tut part
Li cōt esguarda uid le dolor si grāt
Ne po muer ꝗābe dous les oilz nō plāç
Il est de paris que il ni beit ne mang
Huimes çiualça tot sol li cōt arnald
Ꝑ le çamin uer la cite de bellāt
Por son bel filz querere

LI cōt Arnald çiualça tut sol p̱ lastree
Tut leior ella noit aduree
Deçi qual ior & la noit aduree
Pres de bellāda alacite loxee
Au uerger auna selua ramee
Aimeriget fu p̱ maitī leuee
Ses damoseus oit asei amanee
Vint apaicer au grāt uerger ramee
Alchief dou bois aun cerf trouee
Prende la caça & molt ben la sequee
Li cerf fuçe alatesta leuee
Brachi & seus li feit tel resonee
Rota ne uiola no uoris escoltee
Li cerf uit uenir li cōt p̱ la çaree
Quāt li cerf uit sia la uoia lasee
Ꝑ un senter tient la silua ramee
Aimeriget no la pas obliee
An leseguit sor le mul āfeltree
Tint la busine almētō latornee

Segue sa caça ali chien 9fortee
Vitel Arnaldo dalūçi la regardee
Deus dist Arnald pere che me feīst nee
Cū beus enfāt e cōe ben formee
E ben segue sa chaça & ben la 9fortee
Char plaist aiesu li roi de maiestee
Chel fos aimerig li dolce fiol mee
Chi chel sesia adeo soit comāde
Sel aura uita elsera pro asee
VAit sen li cōt eli īfant lasse
El no refina dequi alacite 89ᶜ.
Ꝑ me la mastra porta il est denç ītre
Passa le rue passa li burgi ele 9tre
Augrāt perō il ert desendu ape
Dames & polceles li sont īuiron ale
Dama ysabella au bauchō est apoçe
Vit son signor silo cognos asse
Ella desende aual del degre
Vient a son sire & silla enbraçe
Molt estoit grā tēps que nō sūt aprosme
Ambe dus sensūt acolle & baise
Ꝑ tel amor il sūt asenble
Pou fo demeīs chi no chaēt pasme
Pois sūt mūte amōt īlesolle
E soa gent apres lui
QVāt liber arnald fo mōte īlesoler
Dames & puçelles le prist adomāder
Cont me sire molt se possem merueiller
Tuen menasti .X. millia çiualer
Si pouera mēt ue ueço retorner
O sūt nostri hoī ne mel doueç celler
O est rollāt & li dux oliuer
O ert de frāça li fort roi droiturer
Dient chi sūt morti ne no sauē quāti rer
Dites nos sire tuta la ueriter

Voir dist Arnald ie uos dirai aser
Mort est rollāt & li dus oliuer
Trepin de raina & tuti li doç per
E li .XX. M. che furēt auport laser
Gaino les uendi por or & por diner
Mes homes sūt uif ancor li reuerer
Je les ai lasse a nerbona sor mer
Quāt li entēdēt li domaie morter
Grāt dol ēmena si com̄ça aplurer
Mais delor signur isūt çoiāt aller
Che deus li agari de mās des ascher
DAme ço dist li cōt ī uer mi īten . .[1])
El me remēbra li çorn & la noe
Quāt meparti qui allo da mō terre
E li lassai una piteta rie
O est il ma dame ne mel doueç celle
Voir dist la dame uos dirai ase
Hoi ꝑ maitī elīfāte leue
Alle a paicer ladauāt aluerge
Oit il Arnalt deus enprist aregracie
Ay deus de gloria uos pois mercie
Cellui fu dis che por maitī troue
Laigua domāda si sasist almāçe
Aseç leūt de pluxor dignite
Çarne de porch & paons īpeure
89d. Apres māçer quāt il sūt leue
Veint aim'ig li noble baçalle
Mort aporte li cerf sor li col del destre
Les dames & les pulçeles li dist dela cite
Quil est uenu arnald li guere
QVāt il ītende si fo· çuāt & ler
Il no refina si uīt alo soller
Voit sēpre apres de soa muer
Vers lui sēprosma sili chai aiper

1) Der rest des wortes ist unlesbar.

Basa le gābe apres li soller
Pois se redriça si com̄ça aparler
Damenedeo de gloria li uoir iustisier
Si salui mō per che tāt ai desirer
Pere dist aim'ig molt me pois m'ueiller
O aui lassa uostri barū çiualer
O est Carlo de frāça lēperer
El cōt rollāt & li dux oliuer
La frācha gesta cheo tāt desirer
Mename allor çent cōt meser
Che līperer me fara çiualer
Cum el cōt rollāt oe uignir & aler
Ꝑ grāt proeça & ꝓ sen līperer
Beu filz dit li cōt no ue 9uē parler
MOrt est rollāt & li dux oliuer
Trepin de raina cū tot li doç per
E .XX. M. che furēt alport paser
Gainoles uendi por or & por diner
Au roi Ma^{w}xillio aronciual aprer
Oit il aim'ig ꝓ lo peito sefer
Ay bon uasal çoit dux oliuer
Mon cusin eri si como dist ma mer
Ꝑ uos desfio saraçī & ascher
Daora auāt eo uoio arme porter
Sor saraçī eo me uorai proer
La uostra mort eo uorai uēçer
No sera sença guera tāt cū auro durer
Filz ço dist li cōt no uē 9uē parler
Poruos me māda çarlo lēperer
Honor de tera uos uolt li roi doner
Per dist aimerig noue stuet parler
No prēdro tera tāto cū auro durer
Sella noe quella che me ūit ēpenser
LA noit quāt eo dormo ī uixiō meue
Ne noit ne ior no me lassa polse

Ço est nerbona cheseit sor regoi del me
Alfaris la tīt un fol roi desfae
Jel ui īlesoīg silai oldu nome
Oitel arnaldo leua le mās uers ce
Bel filz çe dist li cōt no ue couē dote
Cella e dessa chel roi uos uoit done
90ª. Per dist aim'ig no mel doueç celle
Auroe guera sella dont pie
Bel filz dist il ia oiri parle
Quāt serai ī nerbona toa cite
E tu starai atō māçer plene
Et ī uirō toi to fant & toa muie
Tu guardaras ꝑ lalta aigua delme
Verai uignir saraçī & ascle
Prēdre lo port no gelpora uede
Del fou greotis tu uederai lançe
Prēder ꝑ força le tor & li solle
Biē seri pro sella porei tanse
Dist Aimerig deus poes m'cie
Vna tel terra al me cor desire
LA mer lentēde si comça aparle[w]
Filz dist ella uos nō gareç aller
Chel fredo gladio uos aureit tuer
Lasso elme cors no ua mes ueer
Mere dist il de niēte uos parle[w]
No romaraue por tut lor depiter
Que eo nō prēda nerbona & li soller
Filz dist li cōt ne uos 9ūit parler
Al maitinet cōuēt uos çiualcer
Pere dist il cū uos ūit īpenser
A mātenāt seuolli çeualcer
Demain alaube uos 9uēdra aller
Et Aimerig desende del soller
Doçes damoseus il ala demāder
Conçe porprēde çaschū dala mer

Al maitinet doura çeuauçer
La noit seçorna de qui alauba cler
Grāt çoia mena li cōt & soa mulier
Inla cite debellāda
AImerig fu p· maitī leue
Et emōta p desor lisolle
Sēpre arnald comēça aparle
Pere dist il trop poeç demore
Li ior e cler hora est de çeuaçe
Arnald lītēde lor se prist aleue
Dama Isabella al son filz base
Noue uederai enstretut mō aide
Mer dist il neuos estoit parle
Noremaraue por tut lor chefede
Che no prēda nerbona chiseit sorme
Quāt ueit la mer chenol poit destorbe
Segna gel uiso si cōmça aparle
Bel filz dist ella aiesu si comāde
Cil te 9duga chese lasse pene
Baisa son filz si lassa uia ale
LInfāte mōta & arnald son per
E ses damoseus il afait demāder 90[b].
Ist dela uilla sença plus demorer
Noit ne ior no fina delaler
Dun ior īaltre ilont tāt esploiter
Qui ueent Nerbona letor & lesoler
Aimerig guarda uers la selua del mer
Veit ursi & daini & lion e çīcler
Ben plus de cēt tāt li po hō esmer
Quāt elles ueit si domāda sō per
De chi sūt celle bestes que uoit tāt asenbler
Bel filz dist il co ne uel uoi çeler
O le gouerna li ueras iustisier
Dist Aimerig deo pos mercier
Vna tel tera mauea grāt mester

Auãti un ãno 9pli & paser
Eo cũ mia gẽt iauro si deserter
Asa nauero de plusor digniter
Al mõ mãçer ço emes çiualer
FIlz dist li cõt ĩuer mi intede
Veez de nerbona letor & lisolle
La est carlo de frãça lĩpere
Or sieç por & saço allacuite
Dauãt li roi ieuos uoi presẽte
Oit il Aimerig sil prist arãpoge
Pere dist il no uẽ 9uẽ parler
Ja hõ ueiardo no maura p̄senter
Tut ꝑ mi sol euoi alroi parler
Sedauãt li roi nome so ap̄senter
Deo nome lassi mes corona porter
Se de soa tera me donara abaille
Oit il Arnald si se prise adire
Gloto dist il or uos 9uera fe
Se uos nõ faites cũ eo uos ai uãte
Deus ĩ bellãda no me lassi torne
Se desor lespalle noue faro li cef colpe
VAit sen li cõt ꝑ desor son destrer
Et aimerig remist eses çiualer
Ben doe grãt leugues il est auãti aler
Jusqua anerbona uiẽt Arnald liber
Cõtra lui ueĩt carlo lĩperer
Quãt ile ũit sil prist a apeler
Oi çẽtil cõt o est la toa riter
Ꝑ foi dist il ça ꝑ main liuerer
Jeo les ai lasse la fora ĩ cel uerçer
Pur uostro seres uos 9uẽdra guier
Dela uostra gẽt uos fareç .X. escher
Defor nerbona fareç il pre aller
Corona dor uos il cef porter
A la dreana schera uu uaueri aseter

Se el no uē auos nosesa p̄sēter
Deo no uos lassi mes corona porter 90c.
Se uos de uostra terra li donari abailler
E deus in bellāda no me lassi retorner
Seo amaspea nolai li cef colper
LI ēperer fa soa gēt aparecle
Defor nerbona lifa aler alpre
In dexe schere fa soa gēt asete
A la dreana sasist nostro ēpere
Apres lui est li bon dainois oge
Dalaltro las est Naimō li baiue
Apres lui Arnaldo li grere
Atant ūit aimerig libe
Guarda auāt uid li frāchi asete
Encōtra oriēte ason uiso torne
Deus dist linfāt acuri uerasde
Gareç mō cors chelno sia uergogne
QVest ma fat Arnaldo che mō per
Aseç ai ou acuiter amia mer
Fer ho est carles de frāça lēperer
Vn plus beus ueilz nipoit hō esguarder
Soa guardaura nul hō poit endurer
A tel mesura conosero lēperer
Soura li frāci com̄ça aregarder
A la dreana schera uid li dainois uger
Sor tut les altres tint lespalles elter
Apres lui sist de frāça līperer
Dalaltro lao est Naimō debaiuer
Pres li dux Nay. uid Arnald son per
Vers li frāçois il comēça aparler
Damenedeo de gloria li uoir iustisier
Si salui & gardi de frāça li grā berner
E desor tuti carles nostro ēperer
Poi sor tut homes Arnaldo che mō per
Incella part oueit li dainois uger

A pe desende īcella ꝑte ealer
Dauāt carlo ilsa metu ester
SOr tut les autres lacoisi debeure
Por mel uisaçe il prist areguarde
Il roi guarda lui no se poit atarde
Pitet fait aymerigo de demore
Chel cor del uētre li comēça atrābelle
Li sant u'meil li comēça abrune
Dist Aim'ig acuri ueras de
Questo el diable che disait or[1] ame
Como il est lūgo si se li mist aipe
Basa gelegābe apres lisole
Pois se redriça si com̄ça aparle
Sātissimo roi dist aim'ig libe
Un poure damoisel matenāt uos reche
Arme & onor domāda deçiualle
90d. Honor de tera uos domāda abaille
In ma 9pagna di frāchi çiualle
Daora auāt euoi mō cors aproe
Sor saraçī aun brāt forbi dace
Vençer la mort de rollāt & de mō cusin Oliue
No ert pain sēça guera tāt cū eo dure
Voir dist li roi molt saueç ben parle
Pro estes & saçes cortois & īsene
Honor quereç leo uel doi ben done
Lor fist le roi les armes aporte
ÇArle fist aporter un auberg ualaron
No fu false ancora per nul hō
Inrōciual gerpi rollāt li pron
Çarle lo 9quis sot car farnaō
Chauces de fero īgābe li metō
Li ēperer li cauça li esperō
Al fil de ber arnaldo

1) r unvollständig; oder ist m zu lesen?

ÇArles fest aporter una spea trēçāt
Nostro ēperer laporta māt cāp
Jafui ella un ior ī lo regnam de frāça
E fu proea cū duridarda el brāt
Mior fu prisiea cēt soldi de besāt
Por la rēga dorea elgela çīs alflāt
Pois lioit aporte un escu dolifāt
Çil adone aimerig lenfāt
Pois lioit aporte un eume luxāt
Çarles lo 9quis quāt el ancis braibāt
A rollāt lo gerpi quāt el mori alcāp
Li osse del cu fo dū bel yuorie blant
Li cor desors siest dū olifāt
La guīcha fu dū orfris doriāt
Entro la borcla curelli IIII uāt
E cel ete^{w}ra i e por encātemāt
Li sol & la luna lisūt ꝑ 9pēsamāt
E le stelle tute menuemāt
No fo false ꝑ nul home uiuāt
Cel adone ad aim'ig lenfāt
Al filz d‸arnaldo li cōte
NOstro ēperer alefāte adobe
E son çiual lia dauāt amene
Il mōta ī la sella chestref nō baille
Per son amor elna cēt adobe
E les enfāt quil auoit amene
Grāt çoia oit li ior demene
A tuti dona auer & bō core
Pois entretēt ī la bona cite
In lo palais de ueilz antiguite
SOr li palais fu lēperer de roma
Li filz del cōt si plaina ecū dona
Sire aimerig cū tereç uos nerbona
Aueç uos soster de fen & de nona 91ª.
Nō ai bel sire se deo & uos no mēdona

E uos donarai dis lĩperer de roma
NOstro enperer siapella lenfãt
Prendeç nerbona ꝑ un tel 9uenãt
Seruir uos na .X. millia 9batãt
Jusqua set anz e cõpli & passãt
Vos lai guarnir de pans & de prouãt
Nosera mais ior trestut mõ uiuãt
Se deo nos ueit çiualer nescriant
Que no uos achora a cẽt .M. 9batãt
Et aim'ig sioit porpris legãt
OR oit lenfãt porprisa la cite
In dolçe frãça oit li roi mãde
Pans & uitailla fa carçer ase
Ben fu garnia nerbona la cite
Tuit li poi le uals elecõtre
In dolçe frãçe reparia lẽperer
Jaleson cors no sera repolse
Tant chel nosia de gainelõ uẽge
Et aim'ig remist ĩ la cite
CArle maine por maitĩ suleuer
Licont nu uollũ asia domãder
Girardo de bois e Guio de saĩt omer
Çufroi dançoi che elpo tãt amer
Barũ dist carlo pur deo uos uoil preger
En mõ message uos uoil enuoier
Cento çiualer me faites aparecler
Sialleri dreit auienne che tint .G. liber
Dites au duc chil uegne amoi parler
Siamoine aude che tãt alo uis cler
Jeo la cuitoi a mõ nef rollãt doner
Mes fel Gaine les afait deseurer
Apres ces mot li cõuẽt pasmer
Naimes lifeit deuãt lui acliner
En sum gren un petit repouser
E li rois de pasmasõ fu retorner

Barũ dist il mepos ĩuos fier
Chi uos cest grã dol auri celer
Tant che posse au duc .G. parler
E la belle aude chitãt aleuis cler
Seo li pos cest grã dol celer
Plus en aura li cors si eslaer
Se si nõ feit iano liporai parler
Aseç li uerai li cors creuer
Lor fist li rois reliquie aporter
Quãt ont iure sisen uõt adober
A çiual mõtẽt nioit pũt demorer
Inuer deuiẽna furẽt açaminer
Lor sepasme li rois chi tãt fo ber
QVãt li enperer uiẽt de pasmasõ 91^{b}.
Carles apella basins lo bergognõ
Ganer de n'rbona eMilles de doum
Gui de naurs & Richer li barõ
Barõ dist carlo ĩtendeç ma raxon
Vos uenireç alacite de mascũ
ꝑ ma sor berte ala cleire façõ
Ella fu femene au riçe duc Millõ
Pois ella donai al cont Gainellõ
Rendu mena maluais guierdõ
E cel respõt falir ne uos douõ
FRanc çiualer ancor uos dirai al
Inçascũ lou o uos prẽdeç ostal
Celeç molt bien lido maie mortal
Dites ama sor che tãt est lial
Del bon coraie uncha no pensa mal
E la donai ale traitor mortal
Che ma tollu mãt nobel uasal
En uergogne ma corona real
Jesu de gloria li renda batistal
Che tote li pople liresgard ꝑ ingal

CInque barũ che li rois asemũt
Cõçe domãdẽt dal bon roi sisemũt
Grã dol ait carlo adeu li comãderũt
Cil çeualcẽt quãt dalost parti sũt
Il ne dotẽt ni poi ni ual ni mũt
Procenamẽt areire reuẽdrũt
La sor carlõ auecel menerũt
E deus grã dol quãt ilsasenblerũt
Quãt Aude & berte ensẽble serũt
Tel dol en orent unche tel ni uerũt
Li rois çeuauçe chin uer blauia sen uõt
Ꝑ la gaudine feramẽte çiualcerũt
FRãçois regretẽt duremẽt lor segnor
Hai carlo sire qual dol & qual dollor
Qui donrai ni castel ni honor
E bone armes & destrer coreor
Virẽt aunsloges albergerẽt le ior
Sor la riuere chiest de grã uallor
Lacroist al roi forteire & grãt tristor
Scãpalie sum fellõ boiscor
Che fu fel Gaine ꝑ cui oto la dolor
Che dolce frãçe a mis agrãt iror
Gaines sadobe cũ hõ de grã uigor
In destrer mõte li culuert de corsior
En fue torne noa cura deseior
Quãd la nouelle uĩt alẽpereor
A deus dist carlo se ꝑdo mõ traitor
James nenauerai ni ben ni honor
Or il parera sege ai nul pugneor
91c. Chi mel rendra co li acreserai honor
François entedẽt lo plait delor signor
Mil isalẽt ĩselle ꝑ forçe & ꝑ uigor
E prist ĩ caucer li culuert traitor
FVit sen fel Gaine sor sũ destrer morois
Aller sen uolt li culuert traitoris

Por grāt uertu lencalçēt frāçois
Plus de dous .M. lencauçerēt le dis
Danç otes sist sur un destrer noris
Tot asperō li encauçe ꝑ me laual da ris
Pūgēt si sen uen dauāt frāçis
PVr le gaudine ua gainelons fuāt
Ver saragoçe la tor de lamirāt
Ꝑ saluaigine en la tere pendāt
In un chemīs uit uenir set m'çeāt
Merçeāt sont qui uont gadagnāt
Gaines demādēt dequal paies erāt
Li merçeāt sioit paura grāt
Segnur dis .Gay. ne uos dote niāt
Nia hō al mōde cheuos tolla un gāt
Les camī garda oliuer & rollāt
Mes une gēt me ueūs deça encauçāt
Che ge ai mort un çiualer uaillāt
Jeo lancis amō cors defendāt
Leuos merçi orie ale digāt
Ben puis ia estre .V. leues ça dauāt
E il respōdēt tut al uestre talāt
Gaines pas ultre sor son destrer corāt
E li m'çeāt ua oltre passāt
Otes liencōtre chi sen uēt speronāt
Illor demāde bians segnur m'çeāt
Veistes uos un çiualer aler fuāt
E cillidiēt follie aleç chirāt
Sil setent cū el fait lo sēblāt
Niert mes īgōbre ꝑ nul hō uiuāt
Cīque leugues larges polestre ça auāt
E sia passe la grāt aigue corāt
E deus dist oetes quefust enbiliāt
Chepora dir liēperer puisāt
Lesol base & li ior ua declināt
Areres torna otes cū tuta lautre çāt

E si uēt alīpereor de frāça la grāt
E sile cōte cilche dis li merçeāt
Che Gainellō sūt alle fuāt
LI sentornēt queont lencaulç lase
Tot droit alast sūt frācis retorne
Dauāt li roi retornēt tut ire
Carllo les uit si prēt adomāde
O est bel gaines aueç leuos lige
Sire feite otes molt les auū encauçe
91d. Semait deus ne poit estre baille
Anchoi les auū formēt encauçe
Nu encōtresmo merçaēt che uignia da m'çe
Che ne dis che Gaine aliaigue passe
Che bien po estre .V. leugues eslōge
E deus dist carlo qual dol & qual peçe
Scē Marie cū ai li cuer greue
Otes dist carlo uer moi aueç boisse
Cū me coardo aueç lencauçe lasse
Ne deueç estre ariçe cort prisie
Aleç aues de moi che uos dū 9ge
James ne deueç estre honore
DOllēt est carllo ireç & abosmeç
Pur gaine chiliest escāpeç
De ço fist otes cū çiualer m̄breç
Ist de la cort na 9ge demādeç
Tresqȥasatēde neset asegureç
Dauāt lui uirēt gasez & tolomeç
Dui barū rice che sū delui priueç
Segnur dist otes molt ai li cors ireç
James īfrāça neserai honoreç
A rice cort serui ni apeleç
Por gaine chesont uie escāpeç
Aleç segnur andui siuos armeç
Li cor me dist che il sera troueç
Il le respodēt sicū uos comādeç

Isnellamēt etost il se cors adober
Otes meisme fui tost coreez
E salliin morel que fu alamirez
Eisent delost coiemēt aeelleç
La luna lust que done grā clarteç
Lor ciualce esperone deli sperū doreç
Passarēt laigue & lepōt elegueç
Indos parsāt uit otes īcōtreç
Li paissāt uit otes chefu armeç
Molt bonemēt lisūt ī9tre alleç
Sere feit il poure hō sui uos aseç
Nos no auē auoir ne diner moeneç
Amis dist otes oncha no uos doteç
Mes dune cose me dites ueriteç
Siuos auez nul home ī9treç
Et il ledit or gardeç sor cil arbre rameç
Ilueç se dorme un ciualer armeç
Ses scuz est sot son cef atorneç
E son destrer est ben arameç
La crop ot falue sia blās li costeç
E deus dist otes ꝑ la toa bōteç
Ce est li traites iel sai deueriteç
Broçe morel deli sperū doreç
Deus ne fist bestes ni çiual efraeç
Che se tenist alui plen arpāt mesurez 92ª.
OTes sperone lo pendāt dun costal
Car molt redote li traites mortal
Car siseleue ese prende al ciual
Niert mes atāt ꝑ nul hō mortal
Car de ses ames ilest pro euasal
Se il fust cū altres hō lial
Na si bō ciualer en frāçe larial
Li destrer .Gay. uit uinir li uasal
Sionist cler chi fist tītinir laual
Ꝑ grāt uigor sal sus li deslial

E saiēt ī le destrer natural
Les lances dricēt & lescuç comunal
GRāt fierte[1]) mētnēt li destrer niel soldor
Gay. salt īpeç che de mort agrāt paor
Liscuz ēbrace cū hō de grāt ualor
A traites dist Otes li pugnaor
Vos no aleç mie cū hō de gra ualor
Si uos digo dapart de lēpereor
Torneç ariere si a croistra uestre honor
Molt se fiet īuostre īuostro grāt baudor
Quāt ī mesage uos tramist lautre ior
Al roi Maʳsilie feistes tel ifallor
Don tote frāce est torne atristor
E la raine uos en dona so amor
Chen uos enpendrai ensui cil poi alcor
OTes dist .Gay. ni oit che moi & uos
De moi laidir molt estes āgosos
Car la farai cū hō ciualaros
Chesor armeç emōte sor mō ros
Cōbaterōs acors acors ābe dos
E mōstrarōs de nos lanes lestras
Respōt otes trop estes īcignos
Siuos mōteç il destrer rabinos
Jauen fuisez ꝑ cil ual erbos
Enuer li roi en sera uergognos
Maldeait che ia en sera dotes
Prendeç les armes si mōteç aestors
Seuos fuirez trop ferez que boisos
Del incauçer serai mal talētos
Dauāt morel nō po garir liros
Quāt .Gay. lītend molt fo esbaudis
Il sayxi la lāçe en le destrier salis
Car delescuz fu ben amonois

1) Das letzte e von späterer hand nachgetragen.

Seil nō fust si traites cū illis
Nia si bō ciualer ī frãçe la çẽtils
Otes broçe morel & desperōs lo feris
En son fort escuz oit ībraçe ademis
Pois a dit a .Gay. io uos desfis
E gaino respōt da mi ben uegardis
Otes dist .Gay. li trais molt maueç laidis 92[b].
Ai ciualer fu ãbedos molt ardis
Li destrier broçe de li sperōs trẽçis
Vensa ferīs sor lescuz ador brumis
Liscuz sepasẽt fina sor li uberg terlis
Le aste fu grosse ni frait ne plis
Otes trabuce efel Gaine chais
Del redriçer ne furẽt mie tardis
LI dos barōs pẽsent dereleuer
Traite lespee che furẽt dacer
Grãt cohos se done desor borcler
Quãt tut li altres comẽçẽt acrier
Culuers traites nō poeç uos aller
Quãt ueit fel .Gay. chil nō poit scãper
Niason destrer nẽ poit retorner
Il rend sa spea m'ci prist ademãder
Otes li feit dauãt lui desarmer
E poi le fist desor un rōçi mōter
Sor lo plu laide cheil porẽt trouer
E dous aubergi li font alcol porter
E dous escuz li font desus oster
Tot droit alost pẽsent del retorner
E lẽpereres le prist aregarder
Quãt .Gay. uid si comẽçe aplurer
Otes dist il uos estes gentil & ber
O poistes ụos le traites trouer
A molt grãt tort uos fis arsoir blasmer
Teneç mō gaies por le droit presenter
Sire dist otes deço laseç ester

Vos estes roi iesui un baçaler
Quāt uos plaira bē me poreç guierdoner
DRoit enperer ço lia dit Oton
Jeuos rend pris le cōt Gainelō
Por lui aurai māt inimis fellō
Otes dist carlo cor aueç de barō
Carle apella Oger & li cōt sansō
E folchuç del maus & de stāpes oton
E tibalt de rains & rubert de breon
E si cherame que fu de castellō
Segnur ie uos rend pris li cōt Gainellō
Che uos mel gardeç ꝑ tel diuision
Siuos escāpe ia ma si aut barō
Atāt cū porai calcer mō esperō
Cheie nō prēda de son cors uēgesō
Che no lāpēda enaut come fellō
Quāt uignira çiraldo li barō
E la belle aude ala clere faço
Fiere iustisie ert prise del gotō
Siuirōt tuti li meilur barū
E çil respōdēt ben les garderō
92e. Tres que atāt che nulle renderō
Carllo sapoia au riçe dux naimō
Est uos li rois depasmeson
BAron petit che li cors nai ꝑduç
Rollāt regarde sot lepaille desuç
Bel nies dist il cū ie uos ai ꝑduç
Ella belle aude queuos fist ses druç
De noçes fere nos suz trop atēduç
Ai fel gaine cū grāt dol ai mouz
De mō nef rollāt ca maʷxillio as uenduç
Las cū enai li cors dollāt & irascuç
Or ciualçe li roi aforçe eauertuç
Vint droit ablauie ileses druç

ABlauie fu li roi nostre sire
Larciuesqʒ sant font les meses dire
Chi la ueises tel dol & tel ire
Plura li roi & soa blāça barba tire
So bon bliaud derōpe & destire
Deli messaies mestoue 9tar & dire
Il fu .C. ciualer çiualçe plen dire
Del duc rollāt edoliuer li nobille
E di doçes pires que liure sūt amartire
A rōçiuals les descōfiç Marsillie
James ni cre Jor che frāçois nō suspire
Li cēt barū ont bien esploite
Le tere passēt molt sūt trauaille
Jiuēt a uiena cella bona cite
Monte el pallais sia Çirald sallue
Ille respont ben uigna çiualle
Chefa mō sire carlo gardeç no mel celle
Molt ben bel sire la merçi domenede
SIre Çiraldo diēt li messaçer
Bien fait li rois chelle pro eler
Fier est & ardiç & māten grāt berner
Tote spagne a9quis por aer
Li roi Marxilie ꝑ soa grāt foliter
Sor lui tornerēt li duel & li ferter
Onçis i sūt li saraçīs lamer
Detot espagne auūs le tabuter
Ber est li rois ellui & son berner
Sire çiraldo diēt li messager
Sallui uos māda li ēperer aluis fier
Fortemēt uos ame & uos tient cier
Sa gent a fait despagne repairer
De sorçirōda ablauie est alberçer
Lase fait signer & uētoser
E il amala des repolser & bagner
El cōt rollāt & li dux oliuer

E çil nont es bois souēt as baldier
Ꝑ uos nos māde li ēperer aluis fer
92d. Que ueneç alui tut ore aparler
E la belle aude la seror doliuer
Alduc rollāt la uolt doner
Vos ueroit ablauie noçoier
Molt fer doaire les uora otrier
Tres tut spagne li uoldra laser
A son nef rollāt eal cōt oliuer
QVāt çioit que carlo oit māde
Ambe ses mās atendu uer ce
Li rois de frāçe en na molt m'cie
Biaus sire deus que mauez espire
Quāt mes droit sire afait sa uolūte
Ceest ꝑ belle aude au gēt cors honore
Li cons rollāt laura ason coste
A tot iors ensereç honore
Respont Giborga en bon ora fu ne
DAma Giborga ala parola oldie
Vint ala çābra miga nose oblie
Belle neçe aude or uos croist segnorie
Del mior cōt que oncha seit īuie
Cest rollāt decui uos estes amie
Cest mariaie nepoi remagnir mie
Lors la Giborga richamēt uestie
Chelle plus blāçe quene flor daubespine
Indos li uest un pallie dau marie
Cefu oureç in lislie de nubie
E per de soure une porpre deporfanie
Li duc Çiraldo lacato apauie
Alde la belle fu de māt collor uestie
Belle fu Aude quāt elle fu adornie
BEn ꝑ maitī quāt lalbe est claria
Çiraldo mōte açiuals cū sa 9pagnia
A cent çiualer quesūt de grāt aia

Et eīsu de uiena lantia
Aude sist sor un mul desoria
Bien fu cuuert dun pallio dōmeria
Plus bella dama nia iusqꝫ īongaria
Ala mā destra chela oit blancia
Tient un anel de grāt manētia
Celli dona rollāt ꝑ drueria
A cel iors quāt safe iot plenia
Chella prendra se deus li doni uia
Molt auist rollāt gēt 9pagnia
Mes la mort sillia departia
A rōciuals entre la gēt pagania
Mes la bella aude nel sauoit āchor mia
Quella lītēdra molt lial 9pagnia
GIrardo çiualce li pro eli uaillāt
Inuer carlo li riçe roi poissāt
La trouara li domaie si grāt
Aude ciualçe le mulet ablāt 93a.
Girardo la baise molt bellamāt
La bella aude molt souens ua suspirāt
Ella apella .G. sile dist enplurāt
Oncles feit ella molt ai li cors dollāt
En cest mō cor tresue duremāt
Li mastre amagin mameneç dauāt
Li capellā de gramācie lisant
Sta noit me sonia sonie molt meruellāt
Nul nel uid matel īcest segle uiuāt
Li capellā ūit sor un mulet āblāt
Bel sire clers dist aude la uaillāt
Ore escōtez un poi demō tallāt
Cilche mauīt sta noit enmō dormāt
Primer me ūit un fauchō dauāt
Chefu plus blache chenoe flors destāt
Siestoit asis moi amō dauāt
A poi de tere fo meruel & pesant

Entre ses pei me prist amātenāt
Si mē porta desor un arbre uollāt
Lame garpisi senallaatāt
Apres me ūit un altre plus grāt
Che tote spagne ert amoi declināt
De saragoça uit reuenir rollāt
E oliuer mō frer al cors auenāt
Ele raalleç ī un bois forest grāt
E dos pors cingler insi dun forestāt
Ille çaçerēt 9tra un pendāt
Leç une roche ala preç uerdoāt
Lase trestorne molt aireamāt
Plus de ūit ors lifu dauāt
Chetut le camis alerēt destorbāt
Dėtut çil nō escāparēt noma un fugāt
Lora uid trēçer durēdal la grāt
Le destre pe li trēçe ecel alle fugāt
Ben laust mort ma el sen alla atāt
E me creço lasa che auro ꝑcea grāt
Grāt paura ai de gainellō le seduāt
Chele messaie porte ireemāt
Al roi ma^{r}silie chen deus noe creāt
Venduç les aurai ꝑ lomenesiāt
Ellauera pris son or & son arçāt
Atāt cheno uerai li barūs naurai ioiamāt
GIrard çiualce esagēt onoree
Aude sist enle mul chelli agree
Sor li arçons fu un petit apoiee
Inuer li clers fu aude aclinee
Sire feit elle iesui molt m'ueillee
E por li sonie trauaille epenee
Sino fu femena de mer nee
93^{b}. Si cū iesu ason col promētee
E li fauchōs me gerpi elassee
Pois me ūit une aigle enpenee

Sor moi sasist si moit achonotee
Con seie fos enbime entree
Corāt me gerpi & si ma fort grauee
Chema destre mamelle ena portee
E remas lasse dollāt & escaree
Quāt carlo ūit alabarba meslee
Il ūit pūgāt ilnoema trouee
Entre ses braçe simait recouree
Apres me dist chene fust espauētee
Ila sa gēt ī frāça retornee
Deuer espagne salli une nuee
Che plus fo uoire che stoit lasumee
A rōciuals nostre tere esfrāçee
La gēt asi formēt acouatee
Cū sele fust entremer entree
Desot li pei uit la tere creuee
La ui tel perçee iamais nert recouree
A fou ardāt ui la tere creuee
Que tot ardoit iusqʒ la mer bitee
Lespaulle destre de carlo leuit del cors ostee
E tot le brauç arere estroee
Jecuite lase que il naient engōbree
Grant paur oit pur celle rem̄bree
Que Gaines porte ala mire lābasee
Parolle aura dite che mal fu porpēsee
Li doç per lōt molt cer 9pree
Laisonie uerite ert prouee
Na traison nēpoit estre celee
AVde la belle sist formēt apriser
Molt por fu belle ni oit que īsigner
Mes li fier sonie lafist formāt esmaier
Grant paur oit ia nestoit ploider
Pur son bel frer che il auoit tāt cher
E por rollāt son amis droiturer
Que enspagne alerēt osteier

Li clers apelle olui ni oit che īsigner
Aude parolle que nose uolt atarder
Biel sire clers molt mepos m'ueiller
Jeo pens trāsir chenō pois mes escāper
Ancor mauīt un altre engōbrer
Que mestoit alez inun gald plener
De tot mō draps meuit desnuer
Aleç une roche duz moit plener
Fors ma çamise chenō uos desploier
Lors ūit un ors cheme uolist māçer
Il me atenta & dauāt & darer
Da tot part me fist ensāgleter
93c. Atāt ūit pūgāt .I. uaillāt çiualer
Chel mēporta ī col de son destrer
Lor enporta la filla al duc rainer
Sire Girard dist aude aleuis fier
Nul hō de carnes ne sen doit esm'ueiller
Seo mes mage car li sonie est molt fier
Del fier sonie ancor ueuoi parler
Nostre ēperer carlo maine auis fier
Mauoit mornia amō frer oliuer
E rollāt li cōt chi tāt ert ber
A un uerçer creu alla achacer
Un cerf le uerēt m'uīlos & fer
E il laiserēt aler lor liurer
Lame gerpi li ēperes aluis cler
Ai oliuer bel frer char me ueneç aider
Sire rollāt uolez meuos laser
E il paserīt oltre apres lor liurer
Mes unques no meuos remparler
Desot rollāt ni cair son destrer
E desot oliuer uid rōdel trabucer
E uid fender la tera sor lor destrer
Que luns alautre no sepoit aider
Quā meregait si me uit enū mostrer

Lauit rollãt sor un piler coulter
De iost lui mõ cher frer oliuer
Ambe dous les cõtes ui enbraser
Apres iceuit un senblãt fier
Ꝑ mi la boce si mẽsi un esperuer
Tot droit uolla sor mõ frer oliuer
Quã mes ueillai si lasse li sonier
Je me crei lase che aurai engõbrer
DEus dist .G. çi amale domage
Dient li clers sia male sẽblãçe
Li clers fu saie desqȝ ensi defrãçe
E fu normãs de deuer uasalaçe
Il prist un libre sil uit senç dotãçe
La mort des cõtes el uit senççe fallãçe
Como fel .Gay. letrai en ballançe
Al roi Maᵛsilie chĩ deo noit citançe
De .XX. M. homes nõ reuit pez en frãçe
Ce fu Gõdelboes de bergogne en auãçe
Li clers fu sage del cor ensi defrãce
De nos barõs saiez la certãçe
Anç demã none enuereç tel sẽblãce
Dont sera dol ogrãt domage en frãce
LI clers fu sage chili dolor cella
Plu tost chel poit son libre estora
De dens son cors duramẽt ãgossa
Meis ꝑ belle aude lẽtemẽt si cella
Inaltre part lo sonie restorna
Dame dist il neuos esmaieç ça 93d.
Char ꝑ losonie nul mal ne uos uera
Or escolteç neuos demãtoia
Le fauchons chepoi uos porta
Cil fu li rois che ꝑ uos mãda
Le esparuer che del cors uos uolla
Sⁱ est un enfãs che del cors uẽsira
E la fiere agoie queuos achouota

Quele mamella del cors uos osta
Si est una dame que rollāt amera
Molt grāt bataille por lei durera
E poi lal lasera si uos prēdera
Che olliuer pas nolli sofrira
Girardo uostre oncles sile norira
E carllo Maine grāt honor li fára
Respont belle aude siert cū deo plaira
Girard lentēd feram̄t sospira
De cil quel oit li cors li agreua
E lui & aude feram̄t çiualça
De si que ablauia noa rens seiorna
QVāt carllo maine loldi parler
Asi demāde li dux naimes de baiuer
Cōseiame bel sire chel me fai mester
Alle por cel ost faites lo band crier
Pitet & grāt si lassi li duol ester
Le dames faites caroler & dāser
E les enfāt ꝑ les rues iuer
E li çiualer por le cāp baorder
Et eo irai al duc çiraldo parler
Por le belle aude che uorai 9forter
Che si grāt dol ne pora adurer
Che ai perdu la flor de mō berner
Frāça ert pire e benl pora iurer
Naimes afait ꝑ lost li duol lasser
Les dames fait caroler edāser
E les enfāt par tot lost esbailler
E lēperer sen uait aparecler
Il est mōteç sor un corāt destrer
Auec lui naime & li daines Oger
E daspremōt li pros cōt Ricer
E tāt des autres que soiēt .C. çiualer
Delost ensirēt ne fina daller
Dauāt çirald se prist abaorder

Por ce que ne uolt Çi. 9trister
Li ēperer sen uēt aucef primer
Grāt chāter leuēt ellasse li plurer
Ançi chel ī 9trast dā .Ç. li ber
Leç une roçe delleç un piller
La descenderēt arefrescher
Girald & alde uiēt tut primer
Girard descend si uait li roi abaiser 94ᵃ.
Apres lui e Oger & riçher
Carllo uit aude si lauait enbraçer
Et elle lui si comēçe abaiser
Plus de cēt foi anç chel uolist lasser
Sire feit elle o est mō frer oliuier
Li cōt rollāt che me deit noçoier
Quāt eo nel uei molt me pos n̄ueiller
Molt me croie lasse que ia urai ēgōbrer
Carles sestoit si eschaurde Oger
Vn poc plure che ne sē poit durer
LI roi oit duol ne me n̄ueil mie
Ꝑ foi belle aude ben est che uos die
I sont da moi parti ꝑ fellonie
Eo les ai lasse il regne daumarie
O il estoiēt 9tre la gent aie
Li cōt rollāt afemene retollie
Fille florēt un roi de ual sorie
Pur sa belte ala uestra gerpie
E oliuer est ī sa 9pagnie
Chella pris una dame de paganie
Filla la miray de ꝑsia la garnie
Dis cheno i fallira entrestute sauie
Por deo bella aude no uos esmaieç mie
Eo uos donrai un duc de normādie
Riches hō est de grāt manētie
Dal roi de frāçe uos auri grāt aie
Sire dist aude cest ne ue 9ūit mie

Se un autres hō dist tel follie
Illi tornast a molt grāt uillanie
Sire ēperer ne mel celeç uos mie
O est oliuer mō frer alaceres ardie
Li cōt rollāt che de moi fist samie
Se eo nel uei enperderai lauie
Li pessāt sonio che mēt espauētie
Me dira uoir ançi lore de 9plie
Dun plurara carlo elabarba florie
E cent des altres la bel aude nel ui mie
DAmixelle aude dist .K. li uaillāt
Laseç ester les amor de rollāt
E doliuer li ardi 9batāt
Il sont da moi parti ꝑ mal tallāt
Eo les ai laseç in espagne la grāt
In almaria une cite de ꝓsant
O il estoiēt 9tra la gēt mescreāt
Primo çor de mai alaube parāt
In babilonie irōt esteiāt
Dux oliuer ensira amurāt
Prendra femena la seror ballugāt
Vna polcella apris li cōt rollant
94b. Filla florēt un roi del ual dormāt
Per soa belte na lauostra laissa isant
Merci bel sire dist aude lauailāt
Pōr amor deo ne malez delaiāt
Nea femene ītere ī le segle uiuāt
Che partir poes me amor da rollāt
Ꝑduç lai sire io el sai uoire māt
Qui que ait ioie enai li cor dolāt
QVāt carlo uoit cheça nel cellāra
Nella belle aude 9forter ni pora
Del cor sospire emolt sen grossa
Albon dainois la polcella liura
Vint a Girardo īuers lui senclina

Vn sol pitet des autres sen lonça
Nẽ poit parler li rois anci sẽ pasma
Lor soit .Gi. che grãt dolor aura
Li rois reũit alduc m'ci cria
Tot li damaie eli duol li cõta
La traison que Gaines fato lia
Girard lintend apoi nẽ forsena
Ꝑ uassallaçe son coraie cela
E son signor molt ben recõforta
GRant fu li dol apres saseblee
Or noit li rois nia mester celee
Gui de naures oit soa raxõ 9tee
Ici uiẽt berte uestre sor lensenee
Li rois la entend li collor amuee
Albon dainois la belle aude liuree
Vait li encõtre aual ꝑ mi lapree
Sor un mulet que formẽt lia gree
Quãt il auit sila ben saluee
Belle sor berte saueç uos la delee
Moʷlt est rollãt nia mester celee
Trai la gaino unde fustes sposee
Si ma tolu lo mior de sa 9tree
Berta lintẽd de sor est pasmee
Mes Carlo Maine lasu redricee
Molt douce mẽt sila recõfortee
BErta se pasma apres se demẽça
E lẽperes ben la recõforta
E poi torna arere o bella aude troua
Poi sentrabasẽt mes caschuna plora
Jamais nuls hõ sigrã dol no aura
Aude sen uĩt aberte & si la demãda
Ma dama berte ꝑ deo entẽdeç ça
O est rollãt che so amor me dona
Sello saueç por deo no mẽti ia
Berta respõt aude tre uos ĩ ça

Rollāt mes filz que tāt iors uos ama
Por uoir saçe que laseç uos a
94^c. Jamas del cor li duol no m̄esira
LĪ duc Girard fu formēt abosme
Pur uasalaie ason cors recōforte
Vient a blaues si sūt dedenç ītre
Grant ioie ietrouēt mōt pas dol mene
Les dames ont garolle & dāse
E les enfāt ꝑ le rues iue
E li barū ꝑ lencāpo baorde
Si como carlo loit anaimō [1]) comāde
Li rois desent del mulet aufeltre
Il & Çirald sont el palais mōte
E li barū si sūt ī9tre alle
Virēt īcōtre Girald ont salue
E la belle aude alient cors honore
Mes oliuer ni oit mie troue
Ne de rollāt li uasal adure
Plura bella aude li roi a regarde
Droit ēperer m'ci por amor dede
Car plus uos amo cha hō de mere ne
De cest lasse uos prēda piete
De li duc rollāt me dites uerite
E doliuer mō frer li ensene
Belle dist carlo tot iaueç falle
Andui sūt morti li uasal adure
Il mōt grepiç dollāt & esgare
E moi & uos ont del tot oblie
DAmoixelle aude se uos osast dire
Rollāt est mort li cōt uestre sire
E li dux oliuer dont dolçe fraçe ēpire
Li doç per adol & amartire

1) Ein nun folgendes cōte hat der schreiber selbst durch unterpunkten für ungültig erklärt.

Chi la ueiseç si fort dol etel ire
Sot el cel mait hō che ait talēt derire
Aude se pasme & duram̄t suspire
Quāt ella reūit plus fo çane chacire
Deo reclame li filz scē Marie
Che li duni mort ançi che la uiue
Oncles Giraldo çia molt fort remire
Tel sūt mes uoces & uos naureç grāt ire
DAmoixelle aude ço dis li roi carlō
Tuit sūt morti li doç 9pagnū
A rōciuals li trai Gainelō
Chi les uēde au roi Ma^{r}siliō
Mol grāt auoir cū encresme fellō
Auda lintend ne dist nesi nenō
Souāt se pasma entre li barō
Li cors li trāble li mēto & la façō
Molt fo belle aude en soa pasmesō
Nuls hō de carne nō poi 9ter raisō
Ni clers ni preste doner 9fexion
CArles tint aude entre ses braç ensi
Ella no parllo nili oilz ne auri 94^{d}.
Sire ēperer por amor deo m'ci
Car me mostreç li cors de mō ami
E doliuer mō frer li ardi
Liber rollāt que sa foi ma pleni
Chel me prēdoit afeme elu a mari
Elas cest amor eseura ensi
Ançi mert anchois li cors parti
Si men irai ensēble mō ami
E a mō frer chella dolor senti
Belle dist carllo tot iaueç falli
E moi & uos ont mes ī obli
CArles prist aude que tāt aleuis cler
Ella & Giraldo fist el mōster entrer
Aude regarde ꝑ deleç un piller

Aseç uit chādoiles ardoir cler
E uit le beires dauāt enle mōster
Çe fu rollāt & oliuer liber
Aude iuēt si comēçe a plure
Prist aleuer ꝑ desus li cendel cler
E uid la dolor qui est morter.
Soa tendre façe se prist asangler
Ꝑ traita lous se fist lo sang uoler
Vers oliuer se prist aude agarder
Trestotes les drapes prist aleuer
E uit se cors enmāti lous sāgler
E chamoiseç delur oberg porter
Desor la boche se prist ad acliner
Aude lo base si comēçe acōter
Frer oliuer quāt eo ue poi amer
Ne ue pois ueir uos oilz ne escarder
Ne uestre boçe ala moi parler
Lor pasme li rois che tot ert ber
E le redrice ses barōs çiualer
Li rois ūit aude ꝑ les braç leuer
E a fait li cors audui courir & torner
AVde reuīt molt feremt̄ escrie
Deusus rollāt a soa çere gerpie
Leua sus lo paille che fu de nubie
E lo sudorie de telle derusie
Vit la cor nair ella lo color muie
E la belle boçe dont larme estoit alie
Nest pas m'ueille car grāt soit asofrie
A rōciuals entre la gēt aie
Aude lo baise & duramt̄ sescrie
Sire rollāt iasuie uestre amie
Franchi çiualer auez mes uos g'pie
Jeo me fij ben elfilz sāte Marie
Que uos tendrai bone 9pagnie
Lor serepasme si ert esmarie

Niest pas m'ueille sel est espaurie 95[a].
Desor rollāt se uit ƀelle aude ēcline
Plure des oilz esa face gartine
Li sanc li cheit sor soa petrine
Chiest plus blance che flor despine
Sire oliuer dit aude la meschine
Parleç amoi franch çiualer nobile
Car meo amor auer lo uestre encline
Ne doit auer inter nos mīlle haitine
Oliuer frer cū ore sui fraine
Cū mal ueist cest gēt saracine
Qui que ait ioie ie sui orfanine
A cest mot est caue souine
Li dol des cōtes ecil dela meschine
Firent plurer māt filz de palatine
GRant dol oit aude li cors prist acāger
Entre ses braç la prist li duc Oger
Aude se drice si comēçe aparler
Inuer li roi molt oit li cor fer
Oeç che dist la fille au duc rainer
Sire ēperes por deo ue uoi preier
Che faites decliner cest monuster
Cheno remagne ni clers ni çiualier
Sola uoio estre por damenedeo preger
Si parlerai amō frer Oliuer
E a rollāt li cōt que ai tāt cer
James dalor ne me pora tocer
Deus me fara mō cors esclarer
E respond carlo ço mestuet otrier
Carles apelle e Naimō & Oger
Feites me tost decliners cest monuster
E cil firēt che mol nodrēt
GRant ioie oit aude quāt oit li to[w] imēt
Enuer li roi senclina bonemēt
Sire fait ellere grāt pos enrent

Li roi de frãçe sen isi primamẽt
E totes les altri firẽt tot ensem̄t
Aude remist il mostre solamẽt
Ferma lesus ebara duram̄t
Onques mes fe feme ne fist tel ardimẽt
E uent as beres andous les cõtes prẽt
E afaita pur tel deuisem̄t
Che nus encline ni pãt nitãt niquãt
A oreson la belle aude sestẽt
E poi bate sa colpe & aiesu serẽt
Souẽt reclama liuoir õipotẽt
Glorios pere que formas tota gẽt
E mer etote lasus lĩ fermar̄t
Dij quatre abisme feis ensir louẽt
Chi por lo mõde cor ꝑ deuisemẽt
95b. Tutens lo çiel aton ordenem̄t
Tota belteç de lasus si resplent
Çali trator no iaura caxemẽt
Ne li fellũ çoe algũ eubergem̄t
Que de uos sire firẽt tel traimẽt
Enz la croiç sença poit deuestimẽt
Longis i fist molt frer afirmamẽt
Quãt de la lãçe uos feri duramẽt
Ilot auogles sẽça poĩt desguadan̄t
Il senti laigue & li sang che desend
Il ters ses oilz si oit aluminam̄t
Sant Josep fist riçe domãdamẽt
Fors sol ton cors ni uolt [1]) autre presẽt
Fors sol tõ cors que recuit dignem̄t
E il sepulcre auis repolsamẽt
Li treis marie uos querẽt lõgen̄t
Che aportarẽt bons unguẽt
Apres tenis un grãt parlem̄t

---

1) Ms.: ṃuolt.

Quãt aiapostres feist recõfortam̄t
Çascũ auoit ꝑ toi li cor dolẽt
Des qui te ꝓue fier guierdõ atẽt
In paradis la osũt li ineçent
El croi lasse senz poĩt descardam̄t
Faites uoire deus ãchoi demostram̄t
A la çaitiue che al moister tatẽt
Che oliuer medie son talẽt
A cest parole li sant sangle desẽt
Que nostre sire il tramist dolcem̄t
Dela clarte tot li mostrer resplẽt
GRant ioie ait aude la clarte oit çausie
Ancor na pas soa oraxõ finie
E deus ça croie che fustes filz Marie
E susitas laçaro ĩ betanie
Che de qua^{w}to ior auoit la car porie
La peccaris tornasti a toa partie
Que tas roxa tes pei deses graçe plenie
Judas estoit de uestre 9pagnie
Trẽta diners uos uendi fist grãt follie
De ton cler sang fuiz la croit esclarie
Quãt cil uindreit la toa partie
Toa sãta car fu morte esepelie
A paradis elialmẽt senz bosdie
Eolicrei lase senz poĩt de trecharie
Metez bel sire ĩ oliuer lauie
Tãt che sauolõte ma parlie
Li ueraz deo sapolcella no oblie
Char li sãti angles asauoz est audie
Oliuer parloe si cũ il fust uie
Bella sor aude ne uos esmaiez mie
A moi uerez ĩ la deo 9pagnie
Tota beute uos ert amanuie 95 c.
Tot ces mõd nõ ualt una pome poi^{w}e
Chil chi serue adeo cũquert grãt menãtie

Ensenbla angles eo naura bosdie
Leuez ermos si soiez estaudie
Eo nai cõge che plus raxõ uos die
Langle sen uait & aude est sus sallie
Or deo fait elle cũ ore sui garie
Çamai por dol nosera esbaie
AVde seleua & soa oraxõ fina
Euẽt as beres li cõtes reseta
E del mõster tot les us desera
E carle cũ sua gẽt gintra
Girard le duc sua neça apella
Bella niece aude ne uos esmaiez ia
Che carles grãt honor uos donra
Respont belle aude siert cũ deo plaira
Jamais un ior nul segnor no aura
Questa çaitiua che de dol semora
Confexion belle aude domãda
Vn arciuesqȝ la bella apella
Cil prist aude dauãti si la mena
Aude la belle ses pecez li cõta
Li arciuesqȝ penitẽcia li dona
Ella bate soa colpa eiesu reclama
Losignor preie que tot li mũdo forma
Che mort li duni que molt la desira
Auec oliuer son frer sen ira
E arollãt que molt les ama
Aude se signe & soa raxõ fina
Pois torna arere son dol recom̃ça
AVde seleue soa raxõ afinee
Pois torna arere cũ feme adolee
Frer oliuer cũ malle deseuree
Sire rollãt uos maueç iuree
Se deo plaist que fuse mariee
Sor tut dames fus ꝑ uos prisee
Oncles Çiraldo nia mester cellee

Lamort me ūit che tāt ai desiree
Sor tut dames Giborga soit saluee
Que me nuri en soa çābra celee
Tāt dolcemēt cūse maust ī sō corp portie
A cest mot est bel aude enclinee
Carlo la prēde ī ses braç la recouree
Li cors senpart nia lōga duree
Entre ses braç sen est larme allee
Langel si la oit ī cel portee
Dauāt iesu si la oit presētee
Quāt laredriçe si la morta trouee
Lor recom̄ça li dol ella criee
No fiu ma tel femena dol che soit nee 95[d].
GRāt fu li dol che Girald oit comēcee
Aude uit mort cōmça alagremie
Entre ses braç la oit recourie
Sire ēperer dist Çirald liprisie
Veistes mai tel dol & tel peçie
Ai belle aude cū maueç lasie
James ꝑ uos ne serai esaueie
Dui arciuesqꝫ ont li cors signie
Entre dous pallie ont belle aude courie
La ont li coprs de belle aude colçie
MOrt est bel aude sifu grāt li tristor
Ancor ne fu dame che trāsist ꝑ amor
Dui arciuesqꝫ la coreēt liior
Que lune enuolte dū pallie de collor
Ioste oliuer li noble pugneor
E dan rollāt li ardi ferior
La ont colçe al nom del criator
Plurēst li prīceps li dux & li cōtor
E poure çēt ecleres eualuasor
In la cite aueit tel tenebror
Lus ne uit lautre tāt fu la dolor
Fer fu li dols del rice epereor

Tire sa barbe plus blance cha flor
E berta suspire & plure ꝑ amor
Sire dist naimes frāch rois de grāt uallor
Veez çi urē çēt que uos tiēt asignor
Roi nō talçire ançi recoura uigor
Si les 9forta alloi dēpereor
DRoit enperer ce dit Naime liber
Por amor deo lasez cest dol ester
Porce que nō poreç nulle rien 9quister
Feites li cors trestoit trois enterer
Car çest çēt ne poent plus durer
E cil si firēt ene uoldrent demorer
Il font les cors ītera bailler
Tot les corps font ībalsemer
Molt firēt ben dan rollāt coreer
E oliuer & Aude dale uis cler
Entre un arche fu aude & oliuer
Apres un autre fist rollāt colcer
Ambes dos le arche fist ben adorner
Luna pres laltre fist ben coreer
Chi lauedes li dol renoueiller
Che uos detraire & tāt barōs pasmer
E dan Çirald deuiēne lo gerer
Aude sa neça prist aregreter
E oliuer quāt fist alloer
Biel nes dist il cū pos de dol raçer
Ay belle aude che poroie 9ter
96a. A laduchese que tāt uos soit amer
Cest mariaçe ne poit estre celler
Jadeo no plaiçe che ueçalo uesprer
Che cest mō cors me posse creuer
Qui donc ueist dan Çirald demēter
De grāt dolor lipoist remēbrer
Carlo nō poit sigrāt dol escarder
De dens sa çābre se prist a dormēter

Dous iors estoit nostre ēperer ber
Onques nipoit anul home parler
E al terç ior siest sus relleuer
E ūit ases homes lor prist a 9forter
Essa grāt gēt esaucīer elleuer
Por tot lost fist banir ecrier
Quen frāçe douçe pensēt del retorner
E ases barons li 9seil demāder
Pur la uēçāçe don Gaynellō mostrer
Sil ferai apendre enuoier enla mer·
La traisō li firai cer cōpre
Al duc Çiraldo nauoit que ensigner
El dist açarlo lorgoilos elfier
Droit ēperer oez que ue noi parler
Montez açiual epēseç de çiualcer
A mō leon sus el palais plener
Voiāt uos bernaies lefaiti iustixier
Lor dist li rois a Giraldo li gerer
Nos enferō la iustixie molt fer
DRoit sepeli Oliuer & rollāt
Eli doç peres dō frāçe emolt dolāt
Carlo apella don Riçard li normāt
Feites lo band tost eisnella māt
Que çascū torne grāt ioie demenāt
Ė si lassi ester li domaie pesāt
De Gainellō uos preie ecomāt
Quel soit gardeç p m'ueillos sēblāt
Tant che seron aleons ladant
OR çiualça li rois cū sagrāt 9pagnie
Dor & darçāt mena grāt manētie
Çiuals de spagne & mul desorie
Passēt pōtil & torans cuarie
Tot droit açartere ont la uoie collie
A bone ual une riçe baie
Albergerēt carlo en mi la praerie

Il esaiēt que molt est es baudie
AL maitin quāt laube fo cler
De māt part font le graille soner
Tabors & tubes & bosines corner
E tā paueillōs destrier & atorser
Nostre rois fu al mulet mōter
Les tres lesteīt Girard decsā ormer
96b. Naimō li dux fait carle'apeler
Fastes ma gēt in ceust plā ester
Car ie uoldroi ames barons parler
De Gainellō uoi 9seil demāder
A lor talēt me uoldra acorder
Del traitor que si suç mal aourer
NOstro enperer son grāt dol oblia
Mais in son cor duremēt lo cella
Ent egabe esoa gēt 9forta
E names çiualçe si cū el comāda
Desor la mulle molt tost esperona
En mi la plaine tot lost arosta
Li enperer les barōs apella
De Gainellō 9sei demāda
Saceç signur che nul se departira
Atāt che Gainelō iuceç sera
Latraisō molt cer 9parera
FRans çiualer dist carlo afier uis
Serui mauez enlestrāçe pais
E māt ai ꝑ uos 9quis
Retorne somes alregne san donis
Domā serō amō matre aparis
Vos me lasast uos filz & uos amis
Lasse les ai detrēçe & onçis
Mes Gainellō ne teneç īoblis
Cheli mesaie eli dol nos aquis
Ꝑ cui mes homes furēt mort & pris
En rōçiuals bien lanomes intis

A mon leon lo menarez caitis
Silli loent licōtes & li Marchis
UN çiualer cū hō apella Salemō
Aurois parolle aguise de barō
Droit ēperer entēdeç mai raxō
Vos aueç pris li cōte Gainelō
E sili raitez desi grāt traixō
Que il porcaça la mortel mesp̄son
Enz en espagne au roi Ma^{w}siliō
Dont furēt mort li doç 9pagnō
E li ūiti millia de çiualer barō
Orlo meneç de çasqua mō leon
Demāte tere en serōt li barō
Sil iuierōt ꝑ droite entēciō
Respōt li rois enu bien la farō
AMon leon est torne li ēpereor
Asi demāde soi barō çiualer
Consie moi dist carlo li ber
Dauāt lui est li ueez otoer
Que tinet ameine ebologne sor mer
Lēpereor el prist a apeller
Droit ēperer m'ci uel uoi preier
Molt douons lialmēt 9seiller 96c.
Gainellōs feites dauāt moi amener
E si oireç son dit eson penser
Nul rois deit ses barons afoller
Seil poit ꝑ raxō mostrer
O defendre ꝑ ses armes porter
Dist Gōdelboes ianesera tāt ber
Se il onie ie sui prest del mostrer
Dist līperer feit il çi amener
E cil curēt que deuo uēt garder
Sus ella pallais il font auāt mener
QVāt .Gay. fu sul pallais enstāt
Totes le garde li menarēt auāt

En9tra lui sūt uenu soi parāt
Chele saluēt bellemēt enorāt
E a pie dan Giraldo li normāt
Biens sire Gaines uos aueç blasme grāt
Li rois uos retē deson nef rollāt
Sire dist .Gay. il dira son tallāt
Jesui del tut a son cōmādamāt
Veez çi mō gaçe droit īpresāt
Detraisō dont eo mō cors defāt
Cheieo nō prist or ni arçāt
Dist Gōdelboes uos mētiç atāt
Jeodi ben che uos traistes oliuer & rollāt
Au rois Ma^{w}silie trestot uoi remāt
Sel uoli noier en uen soi 9batāt
Ançi che son el uespre nel sol colgāt
E ue rēdrai omort orecreāt
Dient frāçois ben parle autemāt
Dist .Gay. uolūter por tallāt
LI fellō lia rendu son gaçe
Ver Gōdelboes dela tere saluace
Nost ēperer fait ben tinir le gaçe
E çil li prēdēt que fu de sō paraçe
Gainellō li t^{w}ites dist a son lignaçe
Cha Gōdelboes renda tel treusaçe
Dond parlerōt li fels & li saçe
ARme ont li parāt Gainellō
Chauces de fer blāces cū aqtō
Defin or furēt andos li esperō
Vestu lia un auberg fremillō
Lieumes li laçēt clarībald demēsō
E cens la spee al senestro Girō
Liescuç li baille lace pit un leon
Pois liamene un bon destrer gascō
Illesaie lo traitor fellō
Maīs de 9batre noa talēt ni raisō

Ilse pēse pur detraisō
Il sen fuira cū en cresme fellō
Pois sen torna fuāt aesperō 96d.
A grāt galop sen ensi de mō lion
Quāt il fu defors se mist abādō
Cefu laioie Gōdelboes le frixō
QVāt li traites fu fors dela .cite
En fue torne cū le destrer prise
Fugat sen uēt trestut abādone
Çil cheles garde en oit li cri leue
Et uos la nouelle ꝑ tot la cite
A carles lont frāçois cōte
E deus dist carlo cū ai li cors ire
Chi poroit Gaino prēdre eaçete
Mil bessāt dor lisera done
Cefu la ioie Gōdelbos lalose
Seo uel rēdrai āci che soit lauespre
UAssen fel Gaino grā paur adisoi
Tot ses ostaies aporpris li roi
Ec uos leueez grāt cri en le palloi
Mant bon uasal enōt pris coroi
Dauāt les autres senua gōdelboi
Nel gerpira sel pora anchoi
OR semis .Gay. enz leual debois
Aler sencuite aso regne ases pois
Mes Gōdelbois rebroçe asois
Sor maltalāt que cor tost aes frois
Ꝑ un petit chenol fert ꝑ de drois
Mes Gaynes fu cōmo traites renois
Liostaes sont remis ī le paleis
Tel litēt nole laira del mois
Pendu serōt cars ī fou grisois
Mes Gōdelboes li pro & li cortois
Siescria culuert de pute lois
Siioste amoi si ferai que cortois

Respōt fel .Gay. ia nome ūit acoris
Cheil te ūit apres li frāçois
Dist Gōdelbois anchos sūt illois
Jost auos ançi chel uege anois
Lor sen iuēt ꝑ mi laual debois
A plaine les lances sabat chen lebois
Lifu li caples de li brāt uianois
GAines seit bien da Gōdelbos defendre
Mes li frāços acēt & amiler
Pris fu fel .Gay. chel ni poit durer
Quāt el fu pris siliont desarmer
Sorun rōcis lefist tot ler
E gōdelbos sil tient agarder
Tresque amō sil prist amener
PRis fu fel Gayne que ili olt ledober
Ꝑ lui for mort li nobli pugnaor
Illi moinēt a mō lion maior
97ª. Iluec li rēdres aurice īpereor
Che son cors auroit grāt iror
Tut les ostaier auoit mis enlator
Barō dist carlo meduc & me 9tor
Iuieme tost li fellō traitor
Car ma uēçāce prēdrai encest ior
LI rois comēçēt Gaino aiustisier
Ec uos pūgāt un escuer
Sor un çiual que afait angoiser
Isnellamēt desende del destrer
Siest mōteç sus elpallais plener
Dauāt Gaino siest asis tot primer
Ardiemēt[1]) seuait açenoicler
Pois lia dit feites uos baud efer
Secors aureç del melior çiualer

1) Das vorletzte e ist über der zeile mit blasserer tinte nachgetragen.

Che soit infrãçe por ses arme bailler
Ce est pinabel uestre neus carner
Dis que noe al mōd si ardi çiualer
Seatort uos iuge que nel 9pari cer
Gaynes parlo que molt se 9forter
Por ma foi sire rois trop me poeç blasm'
Car molt uesoie seruir eamer
Or suie tot prest sor li scãt iurer
Que no aie tallēt defuir ne descãper
Ançi ensi la defors ꝑ mō çiual esproer
Por la bataille ensigner emostrer
Feit maueç prēdre molt mepo peser
Franchi çiualer ço dist carlo li ber
Si grãt mēçogne oistes parller
Carles apelle dan .Gi. ligerer
Oger li duc enaymes debaiuer
De loereine lirice dux Garner
Li cōt dainēs & Salemō lifer
Barū dist carlo nobile çiualer
E uos comãt Gaines aiustisier
MEs ançi chiaça çuce Gainellō
Si est pinabel descendu alperō
Nez fu de sorãçe sire de besençō
Ensēble lui uiēt heiriner dalion
Auec lui sūt bien seit cēto 9pagnō
Tut afer arme li traite fellō
Cefu la ioie alcōt Gainellō
Delui 'defendre se metēt abãdon
DE lūgamēt lisūt uenu laie
Pinabel est desendu apie
Cū lui amoine soi barōs çiuallie
Il sōt por ses oncles molt traualie
Apres lui uīt li barō arēgie[1])

1) Sehr verlöscht.

De blās oberg sūt bien apareclie
Ꝑ grāt orgoil sūt il pallais mōtie
97b. Pinabel desorāçe oit son elme delacie
Laspee cinte uint dauāt līperie
Mes nollo salue ançi lo 9trarie
Ꝑ ma foi sire rois uos faites pecie
Quāt mō oncles tenez ē presonie
Nia si fort hō sil uolt iustisie
Or dir que uer uos aust bosdie
Che nol defenda ama spea forbie
Frāçois lītēdēt for mēt lo regardie
Ni oit celui que un sol mot li die
PInabels fu ī le pallais mōter
·Apres lui seit cēt çiualer
Dauāt li rois il comça aparler
Trop uos uolez bon roi blasmer
Qui teneç pris li meillor çiualer
Chesoit en frāçe pur ses arme bailer
Il noē si defors ꝑ foir ni scāper
Anci senensi pur son çiual esaçer[1]
Por la bataille ensiger & mōstrer
Faites lauez prēde[w] molt mepo peser
Il no ert en frāce si ardi çiualer
Sede traixō uolt mō oncle apeller
Che nol defenda albrand dacer
E deus dist carlo cū pos de dol raçer
Quāt ieo uoi mes barōs adoter
Quāt un sol traites no poeç iustisier
A tāt uos uiēt Tieris un escuer

---

1) Es folgen nun zwei verse, bei denen, wie früher schon einmal, durch: »vacat« angedeutet ist, dass sie nicht hierher gehören. Sie lauten:

Se de traixō uolt mō oncle apeller
Che nol defenda albrād daçer

Delcōt rollāt el fui seruier
Enuers pinabel il com̄ça aparler
E ue uoi bien pur bataille pier
Che Gaines etraites esperçurer
Quāt il uede mō signor droiturer
Li duc rollāt chi tāt fist aprisier
Jeo nē pris uestre menacer
PInabels fu sor soi pei īestāt
E li uaislet tieris siest uenu auāt
Escuer fu al pro cōt rollāt
A lēperer siadit son tallāt
Che Gaine est licere traites eseduāt
Tenez mō gaçe sire rois mātenāt
Chin saragoçe uende li duc rollāt
Au roi Marsilie liculuert seduāt
A ces paroles pinabel tient son gāt
Por les ostaies apelle ses parāt
Pinabel iure tost & isnellamāt
Mal enparlastes ꝑ licors saīt niçāt
Car uos ferai uencu orecreāt
LOr gaçes li parēt aseure
Pinabel sia son ostaies liure 97c.
E çil tiris Naimō debaiue
E çirald de uiene & li dainois oge
Li enperer atieris regarde
Jouene ede de petit aie
Mes fer cor il oit eproece & bōte
Barū dist li roi aleuos adobe
Si fareç la bataille ella ioste
PInabel armēt li parēt Gainellō
Chauces de fer blāces cū aquitō
E Salemō li cauçe li esperō
Auberg liaporte dune riçe façō
Sotol ciel noe lance ni brād si bō
Chi laupirast la mōte dun botō

TIeris armēt sul pallais plener
Ie ontor lui māt riçe çiualer
Çarle li rois li cins lo brād dacer
Coest curtana albon dainois oger
Vn escuz liont acol ieter
En cef lia laçe un eume dacer
E une lances groses aufer moller
E un bon çiual li fōt apareiller
Ferāt oit nom que fu auduc Oger
Tieris isalta sus chestref nō bailler
Sor les estref se prist a aficher
Grāt de mei pei lia feit eslōger
Barō dist carlo nul mellor nō quer
PInabel fu arme tost & isnellamāt
Cauces de fer que fu ason tallāt
Ses esperōs licauce Gui doriāt
Filz fu sua seror tut estoiēt parāt
Lacent li eume cornubles decleruāt
E cint laspea doūt li pō fu darçāt
Siont īdosse bon auberg açirāt
Alcol oit un bō escuç luxāt
Lāces oit groses al fer trēçāt
PInabel ases amis adobe
Vn uoir destrer liorēt apreste
Bien ert cuuert & richamēt arme
Ꝑ son estref fu pinabel mōte
Tuta la gēt la formēt garde
Carlo lia son cāpiō amene
Iluēt ale places la oi deura ioste
Li duç çirald si soit ben porpense
E li duc Naimes che tāt est be
E li dainois che fist tāt aloe
Cheil meisme furēt bien arme
A Mil çiualer trestut bien adestre
Pinabel sescrie sa bataille iostrere

Jeo uoi ma bataille cui quē doit pesere
Carle respōt ieo sū prist deliurere
LI ēperer apella bouū & li cōt Ginimer
Baxī li duc & li cōt Oger
De normādie fait Riçard apeller
E Salemō hō molt sepoit fier 97d.
Jeo uos comāt ma bataille agarder
Li enperer fait ī la cite un band crier
Che nul hō dibia çābel com̄çer
Chello faria apēder o en fou bruser
LI duc Salemō si appelloit tiris
Silia presta lo libre .oli saīt sōt escris
E tiris aiure che Gaino li duc rollāt uēdis
A Ma^{w}silio li doç per trais
Cusi lotroi ce dit li ber Tiris
Dist pinabel glotō tuas m̄tis
Periure es anchoi serez ǫnis
PInabel iura etiris selleua
E Salemō lo sacram̄to dit ai
Jurafait il sors li sāt que cia
Che unques ur̄e oncles uer rollāt no boissa
Ne traisons nē fist ne porcaça
Ꝑ cui rollāt fu mort cū soa çēta
Pinabel iure esise ꝑiura
Pinabel & Tirīs açiual mōta
Tiris driçe ses oilz uer lo cel reguarda
Reclama deo chele mōd forma
Que raixōs li done si cū droit a
E pois uer pinabel si escria
E silia parle aguise deuasa
Jeo uos desfi cū hō deslia
Dist pinabel toa testa enꝑdera
LI çiual fu andos da mort requis
Li destrier broçe delisperō dor fins
Vassa ferir desor lescuz ador bis

Lescuz setroice noli ualt un teris
Enles auberg oit les lãces mis
E cil sũt fort che mailes nõ desfis
Andos li destrer sen cõtre ꝑ lo uis
Al çiual pinabel fu li ior pis
Li col li brise pinabel est sorpris
Tieris pas oltre qui est sor ferãt asis
PInabel ueit che la ꝑdu morel
Quãt lo uit mort noli fu mie bel
Traite la spea dont trẽçe li cortel
E ua aferir ferãt ꝑ un tel çãbel
Che dauãt li trẽçe li cols & li ceruel
Mort e ferãt & Tiris salt el prael
TIeris trait curtane que fu al duc Oger
Va aferir pinabel sus lelme gemer
Che un de ses carbõs lioit aual mener
Li colp fu grãt pinabel fu ençenocler
Pinabel se driçes qui . . . pros [1]) eber
Enuier tieris si comẽçe [2]) aparler
TIeris bel frer entẽdeç bels amis
Laseç cesta bataile tẽ firai lis
Jeo ten dõrai sorãçe emõ senis
E besençõs auras atõ deuis
E pret ma fille que tãt acler uis
98ª. Quel uo faide mie çolidit tieris
In deo me fio que ĩ la croiçe fu mis
Que uẽgerai rollãt & ses amis
Et oliuer que ãdos sũt oncis
Por deo uẽger furẽt mort & pris
TIeris tient curtaine el pug seree
Eua aferir pinabel sor leume gemee

---

1) Etwa drei buchstaben unlesbar; pr auch noch sehr verlöscht.

2) ẽce sehr verlöscht.

E pinabel ason escuz dauāt leuee
Les elme & liscuç aun colp prēdee
Li colp fu si grāt che tieris li donee
Che pinabel sor lerba fu acenoclee
E Pinabel se driça chele pro & ber
Amātinēt sa spee & li brād açerīs
E uait aferir tiris sor leume piteīs
Del cors litrēçe & del sang mez baçīs
Dist pinabel or estes mal bailins
Respont tieris nel pris un dener pitains
DOl oit Tieris quāt se sent enaure
En mā tint curtaine que fu au duc oge
E uait ferir pinabel ꝑ molt grāt uolūte
Denz li elme elscuç la gūiche lia trēçe
Li colp fu grāt pinabel sest plege
Pitet fu de mēs che aual nola gete
Ꝑ fei dit Tieris ben trēçe ma spee
Quel pug & quela gūiche aensēple colpe
A la tere chait li fort esçuç borcle
Ay deo dist carlo que ī croiç fust pene
Māteneç hui mō droit ꝑ la ur̄a bonte
TIeris dist pinabel ben trēca ur̄e açer
Diables meterēt qui lifierēt foger
Che del pug ne del braç ne ma puis aider
Sema uertu nō falt uos le 9pareç cer
Feremēt lo recher quil secuite uençer
E uait ferir tieris sor sō eume daçer
Tant fu dur quil nē poit enpirer
Delescuz deson col lia fait un quarter
TIeris escoidemēt areclame iesu
Etīt traite curtaine que au duc oger fu
Vait aferir pinabel desor son heume agu
Cheli uasal li trēche oli carbōcle fu
Lauētaille li trēche del bō auberg menu
Li nes desur boche elom̄tū fu chau

Cil secuita giūchir si chai estendu
A deo dist carles miracles euertu
Li uaslet li cort soura quāt iloit abatu
PInabel trabucha desorba en lapree
Efor de sō pug destre li escāpe saspee
Si doit bien faire fause hō la oit portee
Li uaslet li cort soure ala cere m̄bree
Molt lo feri bien sor la targe roee
E uit desa petrine un pitet desarmee
Curtaine li apoie ꝑ uertu labutee
Trosqua dētro dal cors lia collee
UN archat liont fait entor li col stuer
98b. Ala choe li ait achacier encer
E iusqꝫ au cahut t're le nōt fait trainer
Son escu ason col nel uoldrēt desarmer
Ensi liont fait aforches en9t^w^mōt leuer
SEgnur barō dist carlo de grā uaillāçe
Li rois que uos gou'ne ede molt grā posāçe
Quil fist cil e t're elamer ensiançe
Il soit bien defellō abatre labobāçe
Or est mort pinabel ꝑ soa desmesurāçe
Maluit son orgoio esoa fere posāçe
Desqꝫ trahi fel Gaino lo bernaço de frāçe
E riuer ses lignaies en aura esmaiāçe
Que Gaino ert destrut sença poit de demorāçe
Tant cū durara cist segle ensera fait parlāçe
LI ior uait adeclin & la noit ūit asirie
Molt ꝑ fu grāt la ioie ela uille esbaudie
E de duc & de cōt ede çiualerie
En la cort sist carlo a labarba florie
Dauāt lui fu tieris ala ceires ardie
Mes formēt oit la car ebatue & laidie
Lēperer les force euers lui sumillie
Barō dist carlo bone çēt segnorie
Demā aurez cōge plus ne demores mie

Si tornara sa feme cui deo auera garie
LA noit ũit nr̃e roi sus el palais altor
Enz ĩ sa çãbre pĩte de deu' si collor
La noit colge tieris ꝑ foi & ꝑ amor
Li meisi liont trat del cors la dolor
Al maitinet alaube quãt apart li ior
Sest leuez li roi que molt oit grãt uallor
Li prĩceps isont uenu li domine & li cõtor
Carles apelle dã Girald demõflor
Li cõt de la ma^{r}cha un hõ deual color
Amenez moi auãt mõ traitor
Que ma tollu de frãça lo bernaço & la flor
LI barũ sen tornẽt li rois la comãde
Eont for delator Gaino amene
Grãt oit la forcaure & li cors ben forme
Quãt uit lẽperer de ses oilz oit lagreme
Signor dist carlo molt ma cest adolle
Sire ço dist Gaino malemẽt ai oure
Ꝑ moi fu mort rollãt nẽ poit estre cele
Se eo louẽdi nẽ doit estre blasme
Sor moi mist lo mesaie oltra ma uolũte
Ꝑ quel uolsist que fus mort edetrẽçe
BArõ dist carlo ostez lo dauãt moi
De grã dolor trasue quãt ieo leuoi
Quẽ uer deo ne enuer home ne oit foi
Il trai mes barõ ieo nẽ soi ꝑ choi
Ay bel nef rollãt qual domaie ai de toi
E des autres barõs que erẽt de tel foi
E del seruise deo faire & desauçer sa loi
De qual mort mora barõ prẽdeç 9soi
SEgnur dist carlo ꝑ deo uos uoi preier
Dela plu aspre mort che uos poeç penser 98c.
Allo mal faites morir que nel uoil plus tarder
Apres lui parla dan Çirald logerer
Lo sire de uiẽne chefu oncle dolliuer

Ᵽ ma foi sire roi ben uos sai 9sieller
Mol sont lōges uos teres & larges por cercher
Endous ꝑches lo faites liger earacher
E pois mener apie cū un ors lanier
E batre des corges ꝑ son cors angoser
E quāt uira la soir quil doura arberger
Dun deses mēbres li faites alostel ostiger
Aun aun li faites caschune noit trēcer
Barō dist līperer cia çuçemāt fier
Mes ienai pas corages des lōges resploiter
PEr ma foi sire dist bouo li uaillāt
Bien uos sai diuiser une iudixe pesāt
De bones aubes spines faites un fou ardāt
Pois si faites giter enz li culuert seduāt
Sisoiēt īuirō trestot uestre seriāt
Larma sen partira ꝑ m'ueillos sēblāt
Ᵽ ma foi dist carlo gene uos plus coitāt
E cest predōs se nō trouōs plus grāt
PEr ma foi sire dist Salemō
Vne plus aspre iuixe uos dirō
Faites uenir quatre ors & un serpāt fellō
Feites le ieiuner & liurer Gainellō
E tot nu despolier lo traitor fellō
Lor lo uerez liurer agrāt destruciō
Deuorer & depeçer ꝑ tel 9dition
Ne remādra enter car ne os ne breon
Isi droit lom faire del traitor fellō
Barō dist carlo cia fort dep'nesō
Mes ieo nai pas corages de plus lorespitō
SIre droit īperer dist Oger li uasal
Vne iuixie dirai molt fort edesloial
Faites metre Gaino ī cele tor aual
Jani aura solaço ni bō ostal
Nemes quel uermine que ēstra del teral
Ne dous ior nemanust ꝑ nul hōme carnal

Et au terço ior apres aura aseç de mal
Lor soit amenez il pallais prīcipal
E ben soit corez depeure & desal
Ne ia deuin ne daiqua no beueral
Lors ardra de boir & dāgosse mortal
Sire morir lo faites deglauie mal
Sicū fu mort rollāt desoit ī rōciual
Veras deo dist carlo qual esgart deuasal
Segnur ieo ni uoil plus qui lait çaēs ostal
SEgnūr barō dist naimō de baiuer
Vn plus aspre çuise uos sai ensigner
Sire faites Gaino trestoç nu despoiler
E pois lo faites adous ors bien delicher
Apres in antes faites ondre dauāt & darer
Lor uereç li culuert guiser echatoller
E dire & de dolor plurer & āgoser 98[d].
Nulle plus aspre mort noli poeç bailler
Ꝑ foi dist carlo bien faites aotrier
E cest prēdrōs se nō trouōs un plu fer
Sur droit ēperer çoli dist
SIre droit ēperer ço li dist Otoer
Ben saçeç cest ne mie ācor adeuiser
Quatre çiuals me fait dauāt nos amener
Trestoç li plus braç que uos poreç trouer
E sor çascūs faites un paotoner mōter
Bone coreios aiēt ꝑ li melz efreer
Silifaites les pūg & lier eserer
E ꝑ pieç & ꝑ mā aschoes aracher
E ī quatro parte tost lauereç desmēbrer
E poi lo faites aforches leuer
E de soi parēt .XXX. di mior desonterer
Lor uereç li glotō adriture çuçer
Certes dist carlo cest no uoil laser
Fort est li iugemēt nil uoil pas resploiter

SEgnur dist carlo frāchi ciualer lial
Li iuiemēt sūt tut por īgual
E cestui prendrōs chi ni so un plus mal
Aleç monter me barō eme uasal
Et enseç lafors ī cel plaim aual
Iluec uerōs sēpres son batistal
Li traitor oit pris sargēt eles neschal
Fors de la uille isent & li bō & li mal
LI barō mōtēt si fōt li band crier
E li roi carlo mūte sor un mul afeltrer
E li borgois senisēt que molt lōt desirer
E li aloi autres ont Gaine de la carcer ieter
Fors de la uille moinēt li traitor desirer
E li quatre çiuals sōt iluec aprester
Si oit desor chascūs un pautoner mōter
Gainellō ont aschoes bien lige eserer
In poi de termes lōt ī quatro part desmēbre[w]
E pois les ont aforches ī 9tramōte leuer
E .XXX. di mior ses parēt de son regner
Che ꝑ lor no ert mais fellonie penser
BArō dist carlo or ai quāt ie uoil
Quāt cullu ai destrut qui ma tollu lorgoil
Rollāt & Oliuer ꝑ cui repolser soil
Li doç pers de frāçe mist ensi malle uoil
Por tant cū ie mes nes ne uera un oil
Ꝑ lui 9quis erome e silal maroil
La asis acolūbe oit les les carbōcles asoil
Dont ben uoit lacrarete eli lusoil
Dous grāt leues iusqz laual desidoil

Explicit liber tocius Romani rōciualis.
Deo Gracias. Amen.

Druck von Breitkopf & Härtel in Leipzig.

Von dem herausgeber sind ferner erschienen:

Riddarasögur, Parcevals saga, Valvers thàttr, Ivents saga, Mírmanssaga, zum ersten mal herausgegeben und mit einer literarischen einleitung versehen. Strassburg und London. Trübner 1872.

Untersuchungen über den ausfall des relativ-pronomens in den germanischen sprachen. Ein beitrag zur syntax des zusammengesetzten satzes. Strassburg. Seitz & Miller 1872.

Ueber die nordischen gestaltungen der Parto-nopeussage. Strassburg. Trübner 1873.

Beiträge zur vergleichenden geschichte der roman-tischen poesie und prosa des mittelalters, unter bes. berücksichtigung der englischen und nordischen litteratur. Breslau. Köbner 1876.

Druck von Breitkopf & Härtel in Leipzig.

CPSIA information can be obtained
at www.ICGtesting.com
Printed in the USA
LVHW061312100519
617403LV00008B/187/P

9 781295 502011